生活因阅读而精彩

生活因阅读而精彩

超级团购畅销书

你是将才还是帅才

施琰博　余政东◎著

中国華僑出版社

图书在版编目(CIP)数据

你是将才,还是帅才/施琰博,余政东著.—北京:
中国华侨出版社,2013.12

ISBN 978-7-5113-4306-2

Ⅰ.①你… Ⅱ.①施 ②余… Ⅲ.①领导能力-能力
培养-通俗读物 Ⅳ.①C933-49

中国版本图书馆CIP数据核字(2013)第291054号

你是将才,还是帅才

著　　者/施琰博　余政东
责任编辑/宋　玉
责任校对/孙　丽
经　　销/新华书店
开　　本/787毫米×1092毫米　1/16　印张/18　字数/250千字
印　　刷/北京建泰印刷有限公司
版　　次/2014年1月第1版　2014年1月第1次印刷
书　　号/ISBN 978-7-5113-4306-2
定　　价/33.80元

中国华侨出版社　北京市朝阳区静安里26号通成达大厦3层　邮编:100028
法律顾问:陈鹰律师事务所
编辑部:(010)64443056　　64443979
发行部:(010)64443051　　传真:(010)64439708
网址:www.oveaschin.com
E-mail:oveaschin@sina.com

前 言

将和帅，这是古代军队里的两个重要职位。一场战争能否取得胜利，往往取决于将和帅能否密切配合。例如，春秋时期赵国的廉颇和蔺相如，三国时期的关羽和诸葛亮。在现代企业管理中，领导一个企业也好比在带领一支军队，也需要各类的将才和帅才。

问题是，将才和帅才都属于“人杰”，但两者却有大大的不同。如果我们不识将才和帅才之别，就容易出现不识己、不识人的错误——有的人向往做帅才，却只适合做将才，身怀帅才之志不得施展而寡欢；有的人身在帅才之位，不得志，回归将才之位才如鱼得水……

那么，“将才”和“帅才”到底有什么差别？

关于此，一句简单的古语是这样说的：“能领兵者，谓之将也；能将将者，谓之帅也。”这句古语的意思是，所谓将才，就是自身能够独当一面，能够领导企业冲锋陷阵的人才；所谓帅才，就是具有杰出的指挥才能，能够将企业经营得井井有条的人才。

具体来说，在理想方面，将才崇尚个人主义，追求单项工作的完美。帅才则重视团队力量，喜欢和团队一起冲锋陷阵；在思维方面，将才逻辑严密，往往会理性地进行分析。帅才则感性得多，善用直觉、想象力、灵感等；在沟通方面，将才往往是直来直去地沟通，一成不变；帅才则往往会根据不同的对象确定不同的沟通方式，适应能力强……

为将者，可以胜负定论；为帅者，可以结果定论。

应该说，帅才比将才略胜一筹，不过两者都是企业管理中不可缺少的人才。每个人都要先分清自己是将才还是帅才，才能明确真正适合自己的工作岗位、工作方式。看了上面的分析，你是将才还是帅才？相信你已经有了初步的答案，那就勇敢前进吧。

一个人如何成长为将才或帅才呢？需要哪些能力的修炼呢？本书旨在让那些具备将帅潜质的职场精英以及已经成为将帅的人们，从性格、价值观、亲和力、决策力、执行力等方面全方位地提升领导能力，从而使自己成为一个有本事、靠得住的卓越领导。

为此，本书作者从不同角度进行了审视和分析，归纳出将才和帅才必备的一些智谋和胆略，并以浅显易懂的文字告诉读者，如何从基层打造将才实力，一步步成长为得力干将；如何潜心修炼基本功，等待跃升的机会，实现从将才到帅才的飞跃。

目录 CONTENTS

第一章 将帅之才的性格

作为将才和帅才，自身应具备一定的优秀性格，不为别的，只因你是领导者，可以影响他人并引之前行。性格听起来简单，却是个人能力、思想和品行的综合表现，是经过后天持之以恒的实践锻炼和学习才形成的。那么，将才和帅才各自的优秀性格是什么呢？

第二章 将帅之才的理想

从士兵到将帅是一个理想，你是将才还是帅才，其实从你的理想就可以简单做出判断。为此，你不妨扪心自问一下，你的理想在于把自己擅长的事情做到极致，追求尽职尽责，还是在于把擅长、不擅长的事情都做到圆满，追求更高、更快、更强？

第三章
将帅之才的价值观

你是崇尚个人主义，追求单项工作的完美，还是重视团队力量，喜欢和团队一起冲锋陷阵？是凡事都喜欢亲力亲为，还是享受决胜千里之外的快感？……请认真思考一下，给出你心中的答案，你是将才还是帅才，一目了然。

第四章
将帅之才的左右脑

对于将帅之才来说，能否正确地分析、思考并解决问题，是衡量其领导水平的标准，这里的关键在于具有高超的思维能力。所以，如果你能把握一些思维方法，用好你的左右脑，你就能成为力量无边的人。

第五章
将帅之才的亲和力

亲和力是一种人格魅力，它可以产生巨大的凝聚力，转化为强大的影响力和行动力。将帅的力量，不是建立在部下敬畏、恐惧的基础上，而是建立在部下信服、主动追随的基础上。具体来说，将才的做法不怒自威，不摆架子，重视实力，仗义执言；帅才则会让他人感受关爱，善于换位思考，又往往以德服人，以身作则。

第六章 将帅之才的沟通力

顺畅地沟通，这是很重要的，在一个团队里更是如此。因为良好的沟通，从小处说可以避免公司人员之间交往中的误解和误会，从大处说它关系到一个组织的生存和发展。一个合格的将帅型人才必是沟通的高手，通过各种方法让更多的人认识自己、了解自己，以便得到同事和下属的支持与配合，从而更加有效地开展工作。

第七章 将帅之才的管理能力

中外企业的无数事例都证明了一个结论：管理者的管理能力直接影响并决定着企业经营是否成功。在一个组织中，将就是舵手，指导团队走向正确的方向；帅所要做的，就是带好手下的兵，让工作井然有序地进行。如何平衡各方关系、统筹各方面的资源和力量、最大程度地发挥协同作用，这些都是对将帅之才的要求和挑战。

第八章 将帅之才的学习力

并非人人都能成为将帅，一个人的领导能力是通过在其岗位上自我变革、自我超越、自我发展而来的。要成为一个合格的将帅，就必须具备一定的学习能力，掌握和运用新知识、新思想、新经验。不同的是，将才重在学以长才，帅才则是学以增智。

第九章
将帅之才的决策力

决策是将帅工作的核心，也是将帅的主要职责。决策是什么？简单地说，就是做什么？怎么做？做正确的事，正确地做事。不同的是，将才重在指引方向，帅才则看重宏观调控；将才习惯审时度势，帅才则擅长创造态势……明白了其间的不同之处，你就有可能选对要走的路了。

第十章
将帅之才的执行力

大凡卓有成效的将帅型人才都知道，一个决策不在于多么高明，而在于执行得如何。不是做了什么，而是做好了什么。这个“好”有两种途径——全力去冲，没有借口，谓之将；分解任务，适当指挥，称之帅。

第十一章 给将帅之才的忠告

俗话说人无完人，将帅虽然属于“人杰”，但也有美中不足的地方。你要想成为一个优秀的将帅，就需要检视自身容易出现的一些问题，通过不断地自我修正，进行自我提高和完善。也只有做到了这些，你才会把自己造就成一个能够持续成功的人。

第一章

将帅之才的性格

作为将才和帅才，自身应具备一定的优秀性格，
不为别的，只因你是领导者，可以影响他人并引之前行。
性格听起来简单，却是个人能力、思想和品行的综合表现，
是经过后天持之以恒的实践锻炼和学习才形成的。
那么，将才和帅才各自的优秀性格是什么呢？

将才修炼

1. 果断干脆，做事不拖泥带水

经营者必须当机立断，拿出勇气和魄力做出果断的决定，才有机会重新开始，获得新生！

——美国奇异公司前CEO 杰克·威尔逊

职场中，谁都想当大将式的人物，拥有一锤定音的权力、一呼百应的威风。但"将"不是人人都能做的，你须在性格上果断、干脆洒脱，做事不拖泥带水，这才有大将之风、大丈夫之气。

旅行家利亚德要到非洲去，人们问他什么时候可以出发，他回答说："明天一早，立即出发。"

当有人问约翰·杰维斯，也就是后来著名的温莎公爵，他的船什么时候可以加入战斗，他回答说："现在。"

科林·坎贝尔被任命为某军队的总指挥，在被问及什么时候可以派部队出发时，他毫不迟疑地说："下一秒。"

面对问题，这些人的回答都没有一丝犹豫，果断又坚决。这种果断的性格、利索的行为，在职场上是很受欢迎的。因为它能使别人对你产生一种信任感，能使别人敬畏你，这样你办起事来就能如鱼得水，自然就会将事情办好。

谁都知道，领导者的决定关乎整个企业的命运，也关乎着下属的发展。有些人缺少的正是性格上的果断，面对一些重大的抉择时总是犹豫，不知道下一步该怎么走，生怕会犯错，生怕付出巨大的代价。而事实上，过多的犹豫会导致更大、更彻底的失败。

反观那些果断的领导者，即使会犯些小错误，也不会给事业带来致命打击，因为他们对事业的推动，总比那些胆小狐疑的人敏捷得多。当他们的决断为团队争取到利益的时候，他们就形成了一股坚决和必胜的力量，这自然会让他们的声望和威严得到提升。

太平洋上的珊瑚环礁，是美丽的观光胜地。海鹰号的水手们心旷神怡，老船长一面老练地操纵海鹰号，轻灵地避开水下的礁石，一面愉快地和水手们计划在前面的无人岛上来一次 BBQ（烧烤大会），享受美好时光。水手们一同欢呼起来，也许就是这阵欢呼惊醒了一个睡在海底的恶魔，它在两千米深的海底已经等待海鹰号好久了。

忽然，平静的海面发出一阵疯狂的喧嚣，剧烈地震荡起来，一道巨浪腾空而起，从前面直奔毫无戒备的海鹰号。老船长惊魂稍定，连忙调整海鹰号的方向，往后行驶，还不忘嘱咐水手们将大部分食物、设备等物资扔出去。但是海浪越逼越紧，一道二十英尺高的海浪把海鹰号高高抬起，然后重重地抛上了礁石。老船长马上意识到自己的船已经不可救药——海鹰号的龙骨已经在这一击之下断成了两截。龙骨如同人的脊梁骨一样属于整艘船的脊椎，龙骨折断就如同人的脊梁骨断掉了，船要废了，老船长果断地下令水手们弃船潜水。

要知道，这是一条纵横万里的袭击舰，水手们对它喜爱极了，他们舍不得丢下它，寄希望于海浪过一会儿可以消失。老船长见此，以严肃的口吻命令道："准备跳海，立刻，马上！"并率先跳了下去。他们所有的人员游到了一个无人岛，这里虽然荒凉却物产丰富，而且，幸运的是在这场灾难中人员无一伤亡。要知道，他们遇到的是一次剧烈的海底地震，无一伤亡的战绩如同奇迹。

这是一个果断的船长，一个称职的船长。试想，如果他性格不果断，犹豫不决的话，那最终恐怕就不只是损失一只船了，很可能全船的人都会送命。这也启示领导者们，做出选择和放弃时是痛苦的，但为了整体的利益，你必须拿出勇气和魄力做出果断的决定。

很多事情的发展都取决于某个关键时刻，当这个时刻到来时，一旦犹豫不决或退缩不前，胜败就大不一样。特别是对于为将者来说，要想树立自己的威望，就必须果敢利索，绝不能在气势上软弱。当你露出一副畏畏缩缩的样子时，还有谁愿意追随你呢？

要知道，没人会尊敬或跟随一个毫无胆识的领导。在关键时刻不能作出英明的决断，表现出一副犹豫不决的样子，甚至透露出一种恐惧和担忧，这只会令下属看不起你，那么你日后的影响力和感召力都会受到影响，它们的效果会强于你平日里长期的外在表现。

所以，如果你是将才或你希望成为将才，就要培养自身果断坚决的性格。强迫自己去练习，在较短时间内做出判断，切勿犹豫不决，做事不要拖泥带水。这是领导影响力的一个重要因素，能够帮你赢得下属的信赖和赞赏，能够帮你提升大将的风范!

当然，除了性格上的塑造外，你还需在行动前做好准备，尽快收集各种情况，形成一个较为成熟的想法，知道如何去做。心中有数，明确了方向，接下来就要马不停蹄地去做。如果凡事都能延续这样的思路和方法，那你就会胸有成竹，一步步地走向成功。

古今中外能为将者的人，往往是那些性格果断、做事利索的人。

亚默尔是美国的一个实业家，他就是个性格果敢的人，而这种说干就干的性子，也着实将他推向了成功。那天，亚默尔和往常一样，坐在办公室里看报纸。不经意间，他发现了一条非常重要的时讯：墨西哥可能发生了瘟疫。亚默尔随即便想到：如果墨西哥出现了瘟疫，那么加利福尼亚和得克萨斯州必然会受到影响，一旦这两个地方出现疫情，肉价一定会飞速上涨，因为这两个州是美国肉食生产的主要基地。

亚默尔没有犹豫，立即让自己的私人医生到墨西哥进行调查。墨西哥真的出现了瘟疫，亚默尔马上开始筹集资金，大量收购得克萨斯州和佛罗里达州的生猪和肉牛，并将其运送到美国东部的几个州。事情正如亚默尔所预料的那般，瘟疫很快就蔓延到了美国西部的几个州，一时间，美国国内市场的肉类产品紧缺，价格飙涨，亚默尔抓住了这个时机发了一笔财。

如果你还在犹豫，你想过结果吗?

记住，当信心十足的时候，领导者作出决定很容易；当信心难以得到时，能否果断作出决定才是考验将才能力的关键时刻。这时候，一双双眼睛都在盯着你，等你作出一个决定，你是众人的焦点。这种千钧一发之际，最考验一个人的能力和魄力。

2. 把诚信当成人生第一要义

对人以诚信，人不欺我；对事以诚信，事无不成。

——民国时期爱国将领　冯玉祥

有句成语“君子一言，驷马难追”，意思是说出的话就要做到，这是做人的学问，也是做将的学问。将才，在部下心目中是一个“官”，要为好官，先要为好人，要为好人，首先就要讲诚信。诚，就是忠诚正直，言行一致。信，就是遵守诺言、不虚伪欺诈。

春秋战国时，秦国的商鞅制定了新法，试图在秦国实施变法。但是，商鞅又担心老百姓不信任自己，不按照新法令去做，怎么办呢？商鞅命人在城南门竖了一根三丈高的木头，下令说：“谁能把这根木头扛到北门去，就赏十两金子。”十两金子？这对当时的百姓来讲可不是个小数目，有的人家一年也没这么高的收入呢。正因为如此，大多数人都不相信有这等好事，担心这不过是戏弄人的把戏，不会兑现。于是商鞅又将奖励的数目提高到五十两金子。

就在众人犹豫不决时，围观的人中站出来一人，只见他扛起木头，从南门一直走到北门。商鞅立刻赏给了那人五十两金子，一分也没少。这件事立即传了开去，一下子轰动了秦国。就这样，商鞅在百姓中树立了威信，人们愿意遵守他推行的法律，新法得以顺利实行，秦国最终实现了统一。

不难看出，商鞅坚守言行一致，赢得了百姓们的信任和尊敬，也奠定了自己的领导地位。将才，就需要这样来立信。把“诚信”当成人生第一要义，也就奠定了领导他人的根基。如果一个领导者能为大家所信赖，那无论是命令还是决策，都会被认可而执行。

问题是，生活中有些领导好面子，在下属面前总喜欢说大话，以示自己的卓越与超然；或者为了笼络和激励下属，喜欢大表决心和许诺，如“我们公司很快就上市了，到时候人人是股东”“若能超额完成任务，大家月底能拿到40%的分红”……而后往往又办不到。

殊不知，这样或许能引来下属的支持，但当最终的结果出现时，人们也就明白这样的话是多么肤浅而不可信任。一旦形成这一判断，你即使花费千百倍的精力，也不能进行再次更改，你的工作开展过程中会充满阻力，而且也没人愿意在你的手下效力。

诚信既是如此重要，那该怎样去建立呢？

诚信，并不存在于惊天动地的业绩，也不依赖于与生俱来的天赋，而在于对言行的坚守。将才的性格中，应该舍弃一份言语的浮躁，多几分稳重与谨慎，经过更多思考与斟酌的言语，必然含有更多的分量，而当自己的性格呈现如此时，相信大家必会对你有更多敬仰与尊重。

身为将才，把“诚信”当成人生第一要义，有“君子一言，驷马难追”的魄力，这并不在于高高在上地发号施令，而在于普通生活中言行的坚守与一致。无论多么小的事情，只要你许诺或答应了，就要用谨慎和认真的态度去对待，就要保证它不折不扣地兑现。

乔治·巴顿是美国著名的军事统帅，他邮寄香烟的小事广为流传。

第二次世界大战期间，有一次巴顿将军参加盟军的一个高级军事会议。会议时间很长，巴顿抽光了自己随身携带的雪茄烟，便向身后的海军助理乔治·布御中校借烟。布御很敬重巴顿，大大方方地将烟盒放在桌上，请他随便用。谁知，巴顿的烟瘾特别大，一支接一支地将布御的烟都抽光了。

会议结束后，巴顿一本正经地对布御说："谢谢你！烟的味道真是好极了，以后我一定会给你回寄一些烟。"布御中校笑了笑，他想：巴顿将军肩负重任，日理万机，怎么可能会抽时间给自己寄烟呢？所以，他一直没有当真，渐渐地早已将巴顿要寄烟的事情忘了。

没想到几年后的一天，布御中校突然收到一箱上好的雪茄烟。原来，巴顿当初忘记问布御中校的具体地址，当他好不容易才打听到布御的地址后，立刻就把烟寄来了。布御十分感动，想不到巴顿随口说的一句话，竟然能认真兑现，他逢人就夸："巴顿将军是个可以信赖的人，我很尊敬他。"

一箱烟微不足道，可这件事为什么广为流传呢？因为诚信，这是人格的魅力。

诚信，不仅是指许诺别人的事情要努力做到，不失信于人。而且，意味着不说假话、大话。作为将才，如果你没有十足的把握去兑现一个承诺，那么开始时就不要随便承诺。如果真的发生了棘手问题而不能兑现承诺，要开诚布公地与下属进行商洽。

总之，谨慎于自己的言语，明白每句话语之后都有一份责任的守候；严格要求自己的行为，对自己的言语负责。只需具备这样的诚信性格，无论你能力优劣，无论职位高低，都会为大家所信赖与依靠，你终会成为一名将才，并以此成就自己的威信与地位。

帅才修炼

1. 虚怀若谷，方成大事

最高贵的复仇是宽容。

——法国作家　雨果

宽容是成大事者的必备素质，是一种博大的胸怀，一种大智慧。虚情若谷，方能世事洞明；宽以待人，才能使人才各显其能，成就大事。

战国时代，赵国将军廉颇武功高强，战场上历经百战，屡立战功。然而，当文官蔺相如凭借大智大勇完璧归赵后，地位却胜过了廉颇，他被赵王拜为了宰相。对此，廉颇非常不满，私下说："蔺相如有什么了不起？不就在秦王面前耍了几句嘴皮子吗？再怎么说，他的官职也不该比我高啊。哼！等我见到他，一定要给他点颜色看看。"

蔺相如听说后，不仅没有生廉颇的气，还千方百计地避开廉颇，避免与他直接见面。正是冤家路窄，有一天，蔺相如坐车出门，与廉颇的车马迎面相遇。蔺相如急忙叫车夫将车停在路边，让廉颇的车马先过去。结果，廉颇以为蔺相如害怕自己，反而把他奚落了一番。蔺相如受欺负了，也不声讨一下廉颇，而是不言不语，一笑而过。

人们都以为蔺相如惧怕廉颇，对此，蔺相如解释说："我并不害怕廉将军羞辱我，更不怕廉将军让我在众人面前丢面子。我之所以这样做，是因为秦国人正盼着我们将相出矛盾、国内出乱子呢。若我与廉将军互不服气或者互相拆台，那秦国一定要乘虚而入。为了国家的长治久安，我会与廉将军和平共处，等廉将军想明白了也就理解了。"

廉颇听到这番话后，感到十分惭愧，跑到蔺相如的家里去请罪："我是个粗鲁人，见识少，气量窄。我实在没脸来见您，请您责打我吧。"蔺相如呢？见廉颇亲自来请罪，轻轻一笑，与之握手言和。从此，两人同心同力，一文一武辅佐赵国日益强盛。

无疑，蔺相如是一个性格宽容的人。面对廉颇的挑衅和羞辱，他态度谦和，不惊不慌，尽可能维持相对稳定的关系。最终，他赢得了廉颇由衷的认可和尊重，进而齐心协力辅佐赵国日益强大，最终他也成为后人称颂千年的贤人。

宽容是为帅者的必备性格，那么，具体怎么做到宽容呢？

宽容虽然听起来很深奥，但它完全可以着眼于喜怒哀乐这个看似无关紧要的小节。一个性格宽容的人，往往能够克制自己的情绪，战胜愤怒、怨恨和仇视，在不偏激、不固执、公平公道的基础上处理问题，如此，再大的问题也能得到和风细雨般的化解。

美国著名的心理学家戴尔·卡耐基经常到各地进行演讲，他的演讲稿一般都由秘书莫莉小姐准备。一次准备演讲稿时，莫莉小姐因为有事情急着回家，匆匆地将“演讲稿”打印好后，放在卡耐基先生的包里，便匆忙离开了办公室。谁知，第二天上午演讲的时候，卡耐基先生打开演讲稿，刚念了几句，下面便哄堂大笑起来。

原来，卡耐基先生这天原本给人家演讲的是如何摆脱心理忧郁，创造和谐的主题，谁知读的却是一段关于如何让奶牛多产奶的新闻。遇到这样的事情，估计很多人会暴跳如雷地指责秘书，但卡耐基先生用了一分钟时间整理情绪后，将演讲稿放在一边，心平气和地开始根据自己先前整理的观点，若无其事地继续发表自己的演讲。

事后，莫莉红着脸检讨说：“对不起，昨天我太粗心了，卡耐基先生。”

“没关系，”卡耐基笑了笑，“这次我自由发挥得很好，真得感谢你呢!”

莫莉尴尬地笑了笑，以后她在工作中一丝不苟，再也没有犯过类似错误。

克制自己的情绪，使它保持在一个合理的范围之内，做到平心静气，不争一日之短长，不争一言之褒贬，这绝不仅仅是性格的问题，就某种程度上说，它既决定着一个人的气质和生活品质，也关乎为人处世的成败得失。

这就提醒我们，一个人要想成为帅才，无论在什么情况下都要把持住自己，以不急不躁、不温不火的方式处世，使人在潜移默化中受到感化，这样才能得到天时、地利、人和，这大概也就是“帅心”的境界。

2. 敢于冒险，以魄力征服他人

精彩的世界！冒险的人生！我命运的“冒出”！种种惊人的未知数都在等着我！

——法国作家　安德烈·纪德

如今的社会处处存在机遇，同时也存有众多风险，如果一个人前怕狼后怕虎，是不可能有大成就的，也难以赢得别人的尊重和敬仰，其带领下的团队也将失去一展宏图的潜能。

换句话说，一个人要想成就最好的自己，要想带领团队更好地发展，就要努力培养自己的冒险精神，大胆去接受风险的挑战。

纵观古今内外，但凡有所成就的人物都是有胆有识的，敢为别人不敢为之事。试问，哥伦布如果不航海探险，他能发现新的大陆吗？达尔文如果不亲身探险，搜集资料，能完成巨著《进化论》吗？

不冒点风险，哪来出人头地的机会呢？这是帅才的显著性格之一。

不过，冒险不是一种抽象的力量，它通过人的活动体现出来，是蕴藏于人内心而直接体现在行动中的品格，它具体体现在拥有敏锐的眼光，善于在风险中抓住机遇，要敢为天下先，敢于成为第一个吃螃蟹的人，而且做事不能因循守旧、畏首畏尾。

20 世纪 70 年代，计算器开始在西方国家出现，但那时的计算机远不像我们现在所见到的这么小，而是有着庞大体积和复杂结构，需要专业知识才能操作的一个大物件。在不懂得二进制和机器语言的人面前，这种电脑就是一堆废铁。而这种稀有物件的价格也很昂贵，不是人人都可以拥有的。

美国青年史蒂夫·乔布斯和他的朋友斯蒂夫·沃兹尼亚克从小就对电子计算机有着巨大的热情，计算机问世后，他们就琢磨着是不是可以将计算机“升级”一下。上了大学后，他们说做就做，在想方设法弄到了一些零部件后，便在一间破旧车库里开始制造微型计算机。经过一番努力，计算机具有了多种功能，乔布斯立即将这种计算机带到附近一家计算机批发商店，这位英明的店主一下子就订了50台。拿下这么大的订单，乔布斯激动极了，他告诉自己，该是干一番事业的时候了！

紧接着，乔布斯和沃兹尼亚克双双辍学了，并合办了一家公司，主攻计算机的研究和开发。一段时间后，他们设计出来的计算机新品，无论从操作上，还是功能及外观上都有了更大的提高，并很快引起了风险资本家的高度重视，他们获得了百万富翁马库的支持。借此，苹果公司逐渐步入了拥有无尽荣耀、财富的辉煌殿堂。

从出身来讲，乔布斯和沃兹尼亚克并没有优于常人之处，但他们却取得了举世瞩目的成就，这一方面归因于他们的勤奋和聪明，但另一方面不得不承认，是他们具有超乎常人的胆量和气魄，大胆地计划将计算机“升级”，勇敢地从大学辍学，并开办公司……可以说，没有乔布斯和沃兹尼亚克的冒险精神，就不可能有“苹果”的诞生。

当然，一个有胆有识的帅才，往往还具有顽强的意志力。当面临困境的时候，不会垂头丧气；在遇到阻碍的时候，不会畏首畏尾。相反，能够迎难而上，有一种不达目的誓不罢休的决心、勇气和闯劲。一个人依靠此，往往就可以所向披靡，战胜一切困难。

勇敢和冒险都不是生来就有的，而是在生活中逐渐培养起来的。如果你想做一名冒险型的帅才，就应该及时有所行动，用勇气代替懦弱和恐惧，用主动出击替换等待和退缩，敢于尝试接触新事物，勇于面对风险之事，并将此塑造为一种坚毅的性格。

作为帅才，冒险不是纯粹的“赌博”，而是需要技巧的，这就需要你提前做好充分的准备，在做一件事情之前要预计到种种可能的损失，如果失败了会怎样？如何应对这最坏的结局？如何争取将风险尽量减至最低程度？理智而从容，那么风险就不可怕。

美籍华人王安博士，几乎世界各地的企业界和IT界无人不知，无人不晓。在30年的时间里，王安的企业从600美元开始，上升到了年销售额30亿美元。这样令人惊讶的巨大成就，就源自王安的理智冒险的精神。

1951年，王安毅然告别了令很多人艳羡的哈佛大学计算机研究所的工作，用600美元的家底成立了王安实验研究公司。在起步阶段，可以说只能用“艰难”二字形容。起初，公司里只有他和妻子两个“全职”员工，另外还有一名“兼职”人员作为工作的助手。一年下来，王安实验研究公司只有1万多美元的营业额，这样下去公司必将因难以为继而关门大吉。面对现实的困境，王安寻求着突破口，很快，他开始和一些公司联盟。这一举措是需要胆略和更大的冒险精神的，因为与王安联盟的公司实力都强于他，在这个过程中，虽然自己会受益，但也会有损失。

最终的结果表明的确如此，联盟虽然为公司的经营发展带来了益处，但同时也给王安的公司造成了不小的损失，不过王安毅然坚持了下来。后来，他的公司推出了“洛其”对数计算器，这种计算器销量很好，为王安公司带来了新的希望。又经过一段时间的奋战，王安又推出了自己设计制造的“300型”计算器，使公司的销售额又来了一次突飞猛进的增长。在这种高歌猛进的势头下，王安又将目光对准了更先进的产品和计算机。为了弥补自己在软件技术方面的不足，他以745万美元代价买下了菲利普·汉金斯股份有限公司，不久后生产试制出了计算机产品，在上市后均深受用户们的好评。

不过，王安的脚步并没有止于此，在开发通用计算机的同时，他又带领着团队开始研制文字处理器——WPS。这是一个全新的领域，由于竞争小，王安公司在这一领域的优势保持了许久，整个七十年代后期和八十年代前几年都是黄金时代。之后，王安公司成为了全世界此类系统最大的供应商。

对于很多企业来说，在从弱小走向强大的过程中难免遇到阻力。在这事关生死存亡的关头，只有性格上喜欢冒险的人，才敢于迎接、挑战所遇到的各种难题。这样的气魄，是一个帅才不可或缺的品质；这样的人生，是一个赢得成功、尊重、荣耀的人生！

第二章

将帅之才的理想

从士兵到将帅是一个理想，你是将才还是帅才，

其实从你的理想就可以简单做出判断。

为此，你不妨扪心自问一下，

你的理想在于把自己擅长的事情做到极致，追求尽职尽责，

还是在于把擅长、不擅长的事情都做到圆满，

追求更高、更快、更强？

将才修炼

1. 把自己擅长的事情做到极致

如果没有仗可打，那么无论我从事何种职业都无关紧要了，因为除了做一名军人，我什么也不会。

——美国第二次世界大战名将　乔治·巴顿

什么样的人能够脱颖而出？是那些把事情做到极致的人。

什么叫极致？就是做到最好，把问题弄懂，把技术学精，成为本行业中的行家里手。正如西方的一句著名谚语所说：“如果你能够真正制作好一枚针，这应该比制造出粗陋的蒸汽机赚到的钱更多。”不过，这里有一个大前提，就是做自己最擅长的事情。

他出生在一个偏僻的山村，是一个地道的乡下孩子。小时候，他曾偷偷溜进父亲的书房，用蘸满墨汁的毛笔在墙上涂画。看着自己的画作，他觉得满意极了，但当父亲看到洁白的墙上留下墨迹时，就会气得拿起棍子追着他打。后来，他开始在书本、作业本的空白处，画各种人物头像。一个男孩子居然学画画，这在农村人看来是荒唐可笑的，但他不以为然。考入初中后，他不停地阅读各种漫画书，学习名家的画作，后来他将自己的作品寄给出版社。令人意想不到的是，他的画稿不断地被采用。这时，他意识到画画是自己的爱好，也是自己的一项本领，他决定辍学了，以画画为生。

虽然顺利地在一家漫画出版社找到了工作，但为了提高专业水平，他自修了大学美术系里的所有课程。一天，他在报上看见著名的光启社招聘美术设计人才，职位要求必须是大学本科毕业和有两年以上工作经验的。只有小学毕业证的他抱着作品前去应聘，他说“我没有文凭，可是我热爱美术，我实力超强”。结果，他击败了29名大学生，如愿进入光启社。不久他成立了“远东卡通公司”，他制作的卡通《老夫子》创下电影界有史以来的最高票房，并由此获得当年的最佳动画片金马奖。

声名鹊起后，他并没有停下追求的脚步，而是选择了闭关。在闭关的日子里，他就是疯狂地做一件事——画画。三年的时间里，他将不少中国古籍经典都画成了漫画，如《庄子说》、《老子说》、《大醉侠》等，这些图书的总销量超过了3000万册。同时，他还积累下了大约14万张画稿，1400万字笔记，创作量之巨令世人震惊。他因此成为中国有史以来卖书最多、版本最多的作家。他，就是中国台湾著名的漫画家蔡志忠。

蔡志忠为什么成功？成为漫画界的“大将”？原因很简单，他依照自己的兴趣爱好或者说特长选择了画画这一职业，并把自己擅长的漫画画到了极致。这正验证了蔡志忠所说一句话：“每个人其实都可以用一把刷子混饭吃，关键是要尽早找到这把刷子。”

人与人之间的差异是非常明显的，找不到适合自己做的事情，事情做不到极致，在哪里都很难受欢迎。试想，有哪个建筑公司敢拿生命开玩笑聘用那些技术半生不熟的泥瓦工建造房屋？有哪个医院敢无视生命而令医术不精的外科大夫给病人做手术……

把自己擅长的事情做到极致，就必须付出比别人更多的努力，更多的努力是指比别人花费更多的时间付出更多的精力，承受更大的压力！在这种心态下，谁都能最终成为一名所在领域的佼佼者，即大将。将与非将之间的差别，往往也就在于此。

让我们来看看美国的乔治·巴顿将军是如何做的。

巴顿从小立志要成为一名大将军，1906年从西点军校毕业后，他如愿成为了一名军人，之后凭借自己卓越的能力青云直上，直至上校。1917年美国正式对德宣战，巴顿主动请求上级把自己调到前线上去，他的理由很简单："如果没有仗可打，那么无论我从事何种职业都无关紧要了，因为除了做一名军人，我什么也不会。"上级答应了，巴顿随后被安排到了坦克部队。接下来，巴顿把全部精力都投入到了工作中，他还先后去了英国和法国的坦克学校学习，其间他是最刻苦、最虚心的一个学生，很快他就能熟练操作坦克了，并被上级认命为坦克部队的军官。

巴顿深知军人经过严格的训练才有战斗力，才能少牺牲，他安排的训练是非常严格的，讲究的是一定要一丝不苟，如任何时候都得戴钢盔，包括上厕所；无论天气多炎热，都必须坚持训练。有的士兵发牢骚，在背后说坏话，甚至骂巴顿，但巴顿不以为然，仍然坚持自己的做法。坦克里面非常热，空间又小很憋得慌，坦克兵一般没有个子高的，巴顿长得又高又大，但他坚持和士兵们一起训练，钻到坦克里面时经常汗流浃背。看到这，士兵们的牢骚渐渐变成了无言的服从。

由于军纪严格和指导正确，美国远征军中极具战斗力的坦克部队就这样诞生了。1942年，巴顿率领麾下的第一装甲军参加北非登陆战役，他在指挥战斗时专心致志，一会儿驾着坦克领队，一会儿又跳到地面上大声叫喊，指挥军队前进。他不时地在阵地上跑着，忘了乘车，也忘了战斗的危险。北非气候炎热，他的士兵们个个都戴着钢盔，而且作战英勇，斗志昂扬，最终迫使德军全部撤出了非洲。之后，巴顿的部队又一次次打垮了敌人，巴顿名声大噪，成为举世闻名的“血胆将军”。

“如果没有仗可打，那么无论我从事何种职业都无关紧要了，因为除了做一名军人，我什么也不会。”“血胆将军”巴顿当之无愧，令人肃然起敬！将才，需要的就是这种精神，把自己擅长的事情做到极致，这是一种追求卓越的认真态度和理想目标。

那么，如何判断自己最擅长的事情呢？这就需要你全面、深入地了解和发掘自己，也就是认识自己的兴趣爱好，了解自己的优势和不足，个人能力以及满足哪种工作岗位的要求等。

你可以拿出一张纸，仔细思考以下问题，并将要点记录在纸上。

你喜欢的工作是什么，你希望从中获取什么？

哪些事情你最喜欢，最不喜欢？

你最擅长处理哪些问题？最不擅长处理哪些问题？

……

正如许多分类一样，以上分类无好坏之分，只是为了帮助你清楚地认识和了解自己，并据此把注意力集中在自己擅长的事情上。例如，会唱歌的把歌唱好，唱出特色；会跳舞的把舞跳好，跳出精彩；会说话的把嘴练好，说出成果；会打球的把球打好，打出精彩。

全力以赴做自己最擅长的事，你定能成为大将之才。

2. 工作力求尽职尽责

尽管责任有时使人厌烦，但不履行责任，只能是懦夫，不折不扣的废物。

——美国田径名将　卡尔·刘易斯

“义不容辞，责无旁贷”这两个词语人人耳熟能详，这也是将才的理想之一。

在这里，所谓的“义”和“责”是一种工作职责，也就是在什么岗位就应该承担什么职责。一个将才无论在什么地方，从事什么职业，都能把工作当成事业，力求尽职尽责，毫不吝惜地投入自己的全部精力和热情，这样的人是招人欣赏、受人尊重的。

一个雪花飘散的傍晚，一身戎装的伯克中士正急匆匆地往家赶。当他经过公园时，一个陌生人拦住了他的去路，问他是否是一个军人，看起来他很焦急。伯克中士点点头，但他不知发生了何事。这时，陌生人解释道：“我一直在等军人路过这里，是这样的，我在公园里看到一个小男孩在雪地里一动不动地站着哭泣，我问他为什么不回家，他说他是站岗的士兵，他和朋友们在玩站岗游戏。但是现在天已经黑了，公园里空荡荡的，和他一起玩的那些孩子大概都跑回家了，我劝他快回家。他说不，站岗是他的责任，没有命令不能离开岗位。我怎么劝他回去，他也不听……”

伯克中士和这个人一起来到公园，看到了那个哭泣着，却站着一动不动的小男孩。伯克中士走过去，敬了一个军礼，问道："下士先生，我是伯克中士，你为什么要站在这里，而不回家?"小男孩停止了哭泣，回答说："报告中士先生，我在站岗。虽然我很想回家，但是站在这里是我的责任，我不能离开这里，因为我还没有得到离开的命令。"

伯克中士的心为之震了一下，他以军人的口吻命令道："我的下士先生，你的任务已经结束了，我现在命令你回家，立刻。"

"是，中士先生。"小男孩高兴地说，然后还向伯克中士敬了一个不太标准的军礼，撒腿就跑了。

伯克中士看着小男孩的背影，感慨道："这是一个称职的军人。"

小男孩的站岗"工作"是平凡的，甚至可以说没有什么意义，但他却坚持接到离开命令才肯回家，即使和他一起玩这个游戏的其他小朋友们已经回家。这种坚守岗位，尽职尽责的精神，令人肃然起敬。试问：假如你身边有这样的人，你能不心生敬意吗?!

用心做好本职工作，是一种精神状态，更是一种职业理想。

凡是把本职工作做得非常棒的人，都有机会获得成功。是的，英国首相丘吉尔曾说过："伟大的代价，就是责任。"一个人只有承担了一定的责任，将工作当成自己的，才能从工作中学到比别人更多的经验，而这些经验便是向上发展的踏脚石。

就算你暂时不能获得成功的青睐，但你的忠于职守、尽职尽责、认真负责、一丝不苟、善始善终等职业道德，至少也可以获得他人的尊重和支持，你也会为自己感到骄傲与自豪。而且，只要能以这样的心态去对待工作，工作自然而然就能做得更好了。

人一旦不能尽职尽责的话，即使是做最擅长的工作，也会做得一塌糊涂。

一个老木匠年事已高，准备回家享受天伦之乐，但老板舍不得他的一手好活，再三挽留，然而老木匠不为所动。没办法，老板只好放他走，但要求他再建一座房子。老木匠答应了，但他的心早回家了，已不在工作上。不仅手艺粗糙，而且还偷工减料，全无往日的水准。等到房子盖好后，老板却把它作为礼物送给了老木匠。老木匠愣住了，一生盖了那么多好房子，却为自己建了一幢粗制滥造的房子。

这个故事告诉我们，无论在什么时候，身处什么岗位，我们对待工作都要有尽职尽责的负责态度，“在位一分钟，干好60秒”，千万不能投机取巧，或者期望不劳而获。否则，受损失的可能是自己，不但得不到他人的尊重和支持，而且最终可能一事无成。

香港首富李嘉诚曾说过这样一句话：“不能脚踏实地的人，是一定要当心的。假如一个年轻人不脚踏实地，这很可能意味着他没有起码的责任感，我们使用他时就会非常小心。因为这就好比你造一座大厦，如果地基打不好，上面再牢固，也是要倒塌的。”

所以，你要想成为一个担当大任的将才，就该这样做——当你选择了一份职业时，就要尽职尽责地去做好。要想做好本职工作，一要更新你的观念，要把工作当成事业，积极主动、抱有激情地去做；二是立足于本职，既然选择了这个职业，就要接受它的全部。

有人或许会说，重要的岗位容易调动人的积极性，而平凡的岗位很难让人产生敬业之情。但并非如此。就一个城市而言，没人当市长是不行的，没人做清洁工也是不行的。市长不珍惜自己的工作，那么就会有人来替代，而清洁工做好了工作也能出名。

查理·贝尔是全球快餐巨头麦当劳的CEO，他是第一位非美国人的麦当劳公司掌门人，也是当时麦当劳最年轻的首席执行官。贝尔的成功并非偶然，他和麦当劳的渊源可以追溯到28年前，当时年仅15岁的他由于家境不富裕在澳大利亚的一家麦当劳打工，他的第一份工作是打扫厕所。扫厕所的活儿又脏又累，是一份被视为没有出息的工作，但贝尔却干得踏踏实实，他擦了一遍又一遍，厕所里总是干干净净的，据称他打扫的厕所比其他店铺的柜台都干净。当然，他所做的一切得到了客人的好评。

三个月后，贝尔被领导破格正式录用了。成为正式员工，走向正规职业培训之后，贝尔被"识才"的领导放在店内各个岗位进行锻炼。无论身处何职，贝尔都会投入自己十分的热情和精力，在每一件小事中展现自己的能力。经过几年的历练，他全面掌握了麦当劳的生产、服务、管理等一系列工作，最终他由一名清洁工获得了意想不到的成功！

看到了吧，无论你是领袖还是百姓，无论你是领导还是员工，都要脚踏实地做好本职工作。例如，悬壶行医，就要视救死扶伤为责任；经商开店，就要以诚实守信为责任；站在三尺讲台，那么教书育人就是责任；头顶一枚军徽，报效祖国就是责任，等等。

做好本职工作，履行好工作职责，下一个大将就是你！

3. 定位明确，有清晰的理想规划

不想当将军的士兵不是好士兵。

——法兰西第一帝国皇帝　拿破仑·波拿巴

定位，无论在哪个阶段都是非常重要的。

一艘在大海中没有航向的帆船，往哪个方向都会遇到顶头风，只能在原地打转，最终被巨浪吞没。人生也一样，一个不知道自身位置在哪里的人，就不会有自己的人生奋斗目标，也就找不到生活的方向，到最后只能碌碌无为，一事无成，如此岂能做将?!

拿破仑将军曾说过这样一句名言：不想当将军的士兵不是好士兵。

有一次拿破仑带兵远征，考虑到路途遥远，沿途冰天雪地，拿破仑担心士兵们坚持不住，于是在出发前检阅军队时问士兵们："你们有谁想当将军的？请站到前面来！"士兵们不知道拿破仑要干什么，谁都不敢动，最后一个士兵战战兢兢地站了出来，拿破仑马上封他做了将军。士兵们议论纷纷，拿破仑认真地解释道："不想当将军的士兵不是好士兵，想当将军的士兵才是一个好士兵。现在我们马上就要远征了，路途艰险，你们每个人都要把自己当成是一名将军，勇往直前！"在拿破仑的鼓舞下，士兵们顿时士气大增，最后他们顺利地完成了这次远征。

"不想当将军的士兵不是好士兵"，拿破仑是这样说的，也是这样做的。

拿破仑出身低微，在冷落和歧视中成长起来，但他从小就崇拜亚历山大大帝，希望自己成为一个那样的人。15岁，他有幸考入了巴黎皇家军事学校。在校期间，他大量阅读军事类图书，并常把自己想象成一个将军，在地图上标记作战策略。毕业后，他由一个小小的士兵做起，这期间他参加的大战达到60多次，比亚历山大大帝还要多，在战场上他表现得英勇无比，差不多每一场战争都取得了胜利，他征服了几乎整个欧洲，最终他不仅成为了举世闻名的将军，还成为了法兰西第一帝国的皇帝。

“不想当将军的士兵不是好士兵”，拿破仑用这句话给自己明确定位，他要做像亚历山大大帝一样的伟人。这个目标如此明确，激励他不断地进步，创造了无数的奇迹和辉煌。这启示我们：要想成功，一定要有大将的理想，要给自己明确的定位。

你的定位明确吗？你做好当将军的准备了吗？

士兵和将军是有区别的，做的事情、想的东西都不一样，正因为如此，所以将军才是将军，士兵才是士兵。试想，如果士兵想当将军，那必然就要经常考虑，将军吃什么饭？将军穿什么衣服？更要考虑将军怎样指挥打仗？将军怎样布兵摆阵？

现代社会竞争异常激烈，要想获得发展或在职位上获得提升，更需要明确的目标，并且坚持不懈地去实践它。在这个奋斗的过程中，可能会遇到风浪，可能会遇到挫折，但只要保持一颗上进的心，积极进取，勇于拼搏，就会成为壮举，就值得尊敬。

美国纽约大都会街区铁路公司的总裁弗兰克就是循着这条途径取得成功的。

50年前，弗兰克还是一个13岁的少年。由于家境贫困，他没有上过几天学便提早进入了社会，他要求自己一定要有所作为。那时候，他的人生目标是当上纽约大都会街区铁路公司的总裁。为了这个目标，弗兰克从15岁开始，就与一伙人一起为城市运送冰块，不断地利用闲暇时间学习，并想方设法向铁路行业靠拢。18岁那年，经人介绍他进入了铁路行业，在长岛铁路公司的夜行货车上当一名装卸工。尽管每天又苦又累，但弗兰克始终铭记自己的人生目标，并积极地对待自己的工作，他也因此受到赏识，被安排到纽约大都会街区铁路公司干邮政列车上的刹车手工作。

工作一开始，弗兰克就对总裁的职务做了一次全盘的了解，他知道总裁的工作是复杂的，必须了解所有部门的情况。于是，他开始统计各种关于火车的赢利与支出、发动机耗量与运转情况、货物与旅客的数量等数据。做了这些工作后，他掌握了铁路各个部门具体运作细节的第一手资料。有朋友不明白弗兰克为什么这么拼命工作，弗兰克解释道："我是以能胜任总裁为工作目标的，我必须花时间了解总裁的整个工作流程。"

当弗兰克确认自己已经具备管理者的素质时，他主动找到了公司的一位主管，言辞恳切地请求能在公司管理部做事，做什么工作都可以，甚至自己可以不要报酬。对方被他的诚挚所感动，安排了一个很小的职务给他，让他试试看。新的岗位虽然地位很低，但弗兰克始终没有忘记自己的目标，他不断地补充自己的专业知识，丰富自己的管理经验，很快他获得了快速的成长，并最终实现了成为总裁的目标。

弗兰克清楚自己要的是什么，并且有十分清晰的计划，有力地实施，结果他成为所在行业的领导者。可见，一个人的成功并不在于开始时的条件如何，而更多地在于是否找到了明确的定位，有了清晰的规划，并且能持之以恒，十年如一日地为之奋斗。

你拥有的就是你去实现的前提，你想成为的就是你前进的方向，你决定怎么样去实现就是你一步步的计划。世界上的很多事都是这样的，正如一句广告词里说的那样——“如果你知道自己想要什么，想做什么，想去哪里，那么全世界都会为你让路。”

定位明确，才能少走弯路；目标清晰，才能直达成功。

你想做行业领袖吗？你想当一名将才吗？接下来看你的了。

帅才修炼

1. 敢于挑战，不擅长的事也要做好

将无法实现之事付诸实现，正是非凡毅力的真正标志。

——奥地利作家　斯蒂芬·茨威格

做自己擅长的事情，并从中获得成就和金钱，这对于许多人来说无疑是幸福的。但并不是每个人都这么幸运，由于种种现实原因，很多人在做着自己不擅长的工作。例如，酷爱文学的人做了一名数学老师，喜欢教学研究的人做了行政管理工作……

在这种情况下，你会怎样想？怎样做呢？

对于这个问题，将才们的想法是，某些方面可能自己并不擅长，甚至可能并不胜任，既然如此那就干脆不做。有些人就算做了，大多也会采取消极态度，对工作心不在焉，或者敷衍了事。结果呢？工作效率低下，越来越讨厌这份工作，很可能一辈子平平庸庸。

帅才就不同了，一个帅才不会逃避有挑战性或是不喜欢的工作，再不擅长的事情他们也会追求圆满。如果这份工作并没有想象的那么糟糕，他们会

考虑改变一下自己，去适应；如果是自己基础不好，能力不够而导致兴趣不足，他们就会想办法提升自己。

在这一点上，纽约证券公司的金领丽人苏珊，给我们做了好榜样。

苏珊出身于台北的一个音乐世家，由于从小的耳濡目染，她非常喜欢音乐，并期望自己能够一生驰骋在音乐的广阔天地中。但阴差阳错地，上大学时她被工商管理系录取了。尽管她不喜欢这一专业，但她学得很认真，每学期各科成绩均是优异。毕业时，优秀的她被学校保送到麻省理工学院，后来又拿到了经济管理专业的博士学位。毕业后，她又进入了自己并不喜欢的证券业，如今她已是美国证券业界的风云人物。

对此，有人很不解地问苏珊："你不喜欢你的专业吗？为何你学得那么棒？不喜欢眼下的工作吗？为何你又做得那么优秀？这不是很矛盾吗？"

"不，"苏珊十分坚定地说，"老实说，至今为止我仍说不上喜欢自己所从事的工作。如果能够重新选择的话，我会毫不犹豫地选择音乐。但是对待工作必须要认真，不管喜欢不喜欢，那都是一定要面对的，我没有理由草草应付。那是对工作负责，也是对自己负责。"

"对待工作必须要认真，不管喜欢不喜欢"，苏珊的话耐人寻味，凝聚了她对自己所从事工作的敬重，凝聚了她不甘平庸的理念。正是这种"在其位，谋其政，成其事"的敬业精神，让她心平气和地做自己不喜欢的工作，不擅长的事情，进而取得了瞩目的成功。

没有人可能是通才，帅才无法改变在工作中的位置，却会改变自己对待工作的态度，进而改变命运。所以，无论我们擅长或喜欢什么，其实都是没多大意义的，有时也没得选择，有意义的是"该如何做好现在"，如此就有可能成为某个领域的优秀者。

对此，美国第一位亿万富翁石油大王洛克菲勒讲得好，他说：“没有一个工作是十全十美的，工作中难免有压力、有枯燥的时刻，把自己喜欢的工作干好是一种享受，把自己不喜欢的工作干好，更需要使命感，这种使命感就是我们常说的‘敬业精神’。”

不光如此，帅才还懂得工作没有高低贵贱之分，每一份工作中都存有许多宝贵的经验和资源。他们会从心底认同一份工作，全力以赴地投入工作，努力培养自己对工作的热情及兴趣。在不擅长和不喜欢的工作中学习，对一个人的成长和成功有很好的影响。

生性内向的黄莉毕业于某大学的中文系，她的理想工作是做办公室的行政类工作，但是理想很丰满，现实很骨感，黄莉找不到行政类的工作，最后只好从事自己最不喜欢的销售。第一次去拜访客户的时候，毫无实干经验的黄莉碰了一鼻子灰，被客户一口拒绝了。黄莉一向自视清高，从来没有尝过被拒绝的滋味，吃了“闭门羹”后大受打击，再加上对这份工作本身提不起任何兴趣，她顿时产生了辞职的想法。

不过，很快黄莉就平静了下来，为什么就认定自己不适合做销售呢？接下来，她开始有意识地劝说自己要喜欢销售工作。黄莉的学习能力很强，接受新事物也很快，做了半个月的时间后，情况开始发生了改变：黄莉面对各种客户都能轻松应对，而且谈吐还优雅得体，幽默风趣。特别是赢得了第一个客户后，她雀跃不已，心里的那种满足感更是一种享受，她发觉自己开始爱上销售工作了，工作也越来越出色了。

黄莉的故事对你有启发吗？

通常，人们不愿意做那些自己认为不擅长的事，所以心里发怵。其实在很多情况下，这是因为我们对工作了解得不够深入。了解不够，做起工作来就因为摸不着门路而碰壁，工作的积极性也就容易被打消，结果对它心生厌恶，误以为自己不擅长或者不喜欢罢了。

工作意味着责任，有些人之所以能够成为帅才，就是因为他们敢于挑战自己，有强烈的责任心。即使面对再不擅长、再不喜欢的工作，他们也能勇敢地承担起这份无法逃避的责任，对自己的行为有所约束，积极认真地去学习，表现出严谨的工作态度。

试着对自己的工作负责吧，不管这份工作符不符合你的心意！只要你竭尽全力去做，你就会做得不错。而且，在不断深入的了解中，你会发现原以为枯燥乏味的工作中其实蕴含着很多乐趣，你最终也将得到比别人更多的东西，因此拥有更多成就。

2. 不求“最好”，但求“更好”

我不以为我是天才，我只是竭尽全力去做而已。

——美国发明家　托马斯·爱迪生

力求尽职尽责，将才们一般都是这样做的，但是要想赢得众人的尊重和支持，若想让众人心服口服，心甘情愿地跟随和听从，就有点难了。如此，也就很难称得上是行业的领军人物，即帅才。

每个人的职责有所差别，也有不同的成就，但帅才任何时候都绝不会满足于做到最好，他们追求的是——做到更好。俗话说“一分耕耘一分收获”，只要你有付出，就一定有获得。想要得到的更多，你必须付出的更多。将工作做好，还要做到更好。

大学毕业后，艾伦被分到英国大使馆做接线员。接线员的工作简单而轻松，就是做好电话的收听和处理。接线员工作台上有一个登记着使馆人员联系方式的本子，一有电话打进来时，接线员可以在本子上找到对方需要或想要的电话。但艾伦认为翻看本子会浪费对方的时间，于是她开始背诵使馆所有人的名字、电话、工作范围甚至他们家属的名字。

工作一段时间后，艾伦将这些信息都背得滚瓜烂熟。只要一有电话打进来，无论对方有什么复杂的事情，艾伦总能在30秒之内帮对方准确找到人，这样的工作效率比其他接线员要高出不少。渐渐地，使馆人员有事要外出时，并不是告诉他们的翻译，而是给艾伦打电话，告诉她如果有人来电话请转告哪些事，就连私事有时也委托她通知，艾伦逐渐成为了大使馆全面负责的留言中心秘书，她受到了使馆所有人的好评。

一年后，艾伦被破格升调到外交部，给英国某大报记者处做翻译。该报首席记者是个名气很大的老太太，得过战地勋章、被授过勋爵，本事大，脾气也大，她把前任翻译赶跑后，刚开始也不要艾伦，后来才勉强同意一试。艾伦的翻译工作做得很好，除此之外她还经常帮助老记者搜索资料、整理文件等，在她心里，这份工作是永无止境的。之后，艾伦不仅获得了老记者的嘉奖，还一再得到了提拔，成为了著名人物。

无论是开始的接线员，还是后来的翻译，艾伦的工作都不算复杂，而且没有什么新意，但她把工作当成一份事业，不仅努力做到了最好，还追求做到更好。试问，这样的人怎能不优秀呢？最终，艾伦博得了上级的信赖和重用，也取得了令人羡慕的成就和地位。

看到了吧，光是全心全意、尽职尽责地工作，你只能称得上将才，是不够的。你还要时刻提醒自己，可不可以做到更好。很多时候就是因为“更好”，我们往往会将工作做得更完美，从而赢得周围人的赏识和信赖，在人才、岗位等激烈竞争中脱颖而出。

如果站在另外一个角度来看，不管是“最好”还是“更好”都是相对的，都局限在一定的范围内。而在更大的范围里，会有更多的“更好”，和这些“更好”相比，“最好”也会逊色的。

很多时候，没有最好，只有更好。别以为做到“更好”很难办，事实上它非常简单，只要你比别人期待得更多一点，比自己分内的多做一点，比别人做好那么一点就可以了。这时，你就可能被认为更胜任某个工作，更能够担当重任，更值得托付和信赖。

乔治·吉拉德连续11年在吉尼斯世界纪录里，被称为“世界上最伟大的推销员”。当记者访问乔治·吉拉德的成功“秘密”时，乔治·吉拉德轻轻一笑，回答说：“非常简单，只要每天比别人做得更好一点就可以了。”记者追问道：“那怎样才能比别人做得更好一点呢？”乔治·吉拉德回答道：“方法同样很简单，就是每天比别人早一个小时出来做事情，每天比同事多打一个电话，每天比同事多拜访一位客户。”

乔治·吉拉德为什么这样说呢？这要源自他初进公司的一件事情。那是一个冬日，雪下得非常大，天气冷得厉害。办公室里暖烘烘的，公司几乎所有的员工都选择了留在公司，不再外出拜访客户，只有乔治·吉拉德披着大衣出门了，他决定去拜访一位重要的客户。或许是因为只有乔治·吉拉德前来拜访，没有什么竞争力；或许是被乔治·吉拉德那冻红的脸所打动，这位客户居然痛快地给了乔治·吉拉德一个机会。

“我并不仅仅只是想把工作做到最好，而是努力去做得更好，并且是全心全意地去做。我想让我的老板承认，我是一个比他想象中更加有用的人。我想让我的客户懂得，我是一个比其他人更值得信赖的人。”乔治·吉拉德顿了顿，继续说道：“很明显，我成功了。”

每天早一个钟头出门，每天多打一个电话，每天多拜访一位顾客，这就是乔治·吉拉德获得成功的秘诀。看看你的身边，你会发现，那些帅才原本也很平凡，使他们与众不同的原因，就在于他们愿意做得更好，每天都多做一点点，一年365天，天天如此!

有付出就有收获，当你建立了“更好”的理想，必然会要求自己的工作做得比别人更完美、更迅速、更正确，这就充分调动起了你的智慧和力量，促使你不断地学习专业知识，不断地拓宽自己的知识面。这时候，你本身就比别人“更好”了，就与普通人区别开来了。

总之，一个人并不需要比别人优秀多少，不管在哪一个岗位，不管在什么时候，你都要有一个意识：大家都能做好的，那是基本要求。你需要不断地问自己，“我已经竭尽全力了吗?”“我能不能做得更好?”经常这样问自己，将会让你受益匪浅。

3. 你永远不知道他下一步要做什么

如果你想成功，你应该辟出新路，而不要沿着那些成功的老路走……

——美国石油大王　约翰·洛克菲勒

每一个企业都多少有一些固定的规矩或惯例，“按惯例办”成为一些人的口头禅，似乎惯例是金科玉律，应该雷打不动。但在帅才的眼里，规矩是有出息的人制定、让没出息的人去恪守的。有出息的人要敢于打破规矩，想方设法让别人执行自己立下的规矩。

所以，你永远不知道一个帅才下一步要做什么。

在信息飞速发展，科技日新月异的现代社会，看到别人怎么做做得很好，自己就跟着怎么做，这样即使你做得再好也只能做“第二”。而那些善于打破常规，不给自己设局限，不走寻常路的人，往往能够灵活地进行思考，想常人不敢想，无疑成功率也高。

愚者只知道按照惯例做下去，智者则要弄明白怎么做最好。

由于帅才的思想没有框框，不犯教条主义，如果你问一个帅才对某件事情的看法，让他给出一个主意的话，你一定会惊异于他为什么会想出那么多的办法。不过，由于他们立足事情本身，想什么事都从实际出发，这些想法往往符合实际又切中要害。

然而，这并不是一件容易的事，而是一个艰难的奋斗过程。在这个过程，我们不仅需要忍受不被人理解的困扰和庸碌者无知的嘲笑，更需要有足够的智慧、魄力和勇气，以孜孜不倦的热情向前进。国际设计大师皮尔·卡丹的成功史就说明了这个道理。

皮尔·卡丹童年时家境贫困，从中学退学后他便去一家裁缝店当起了小裁缝，很快他就小有名气。几年后，卡丹自立门户开了第一家服装店，大胆地设计了一种宽条法兰绒上衣，它风靡于法国、美国等西方国家，使那些大都市的“小姐”、“贵妇”为之倾倒，一时间皮尔·卡丹成为了法国时装界“先锋”派的代表人物，引领着世界服装的时尚潮流。

皮尔·卡丹有一个梦想，就是要他所设计的服装让普通的老百姓也能穿得起。结果，他遭到了同行们的嘲笑：“时装能大众化？他真敢做白日梦”……皮尔·卡丹没有在意这些，他潜心研究，将自己设计出的高雅、领导潮流的新颖时装进行了批量生产、加工，本着“薄利多销”的经营原则，投放到了“大众化”市场，获得了成功。此后，他连连推出不同规格的成衣产品，不仅占领了法国市场，而且还打入了国际市场。

女人能穿好看衣服，男人却不能？接下来，皮尔·卡丹开始思考设计男装。这一举动为大多数厂家所不齿，因为时装界传统上都以女装为主，“男人讲究穿衣打扮，这成何体统？他疯了吗？”“没有男人会在乎穿什么的，他这是自取灭亡”，而且他们竟联手将卡丹逐出巴黎时装女服业，皮尔·卡丹在名誉和生意上都遭受了巨大损失，但他继续设计男装。结果，许多绅士、男青年，甚至年轻的士兵、年过花甲的老人，均纷纷光顾他的时装店，请他为自己设计时装，皮尔·卡丹又一次成功了。

从专为富人设计服装，到走“大众化”市场路线；从以设计女装为主，到重视男装市场，皮尔·卡丹不循规不蹈矩、想常人不敢想，这虽然看起来都是不切实际的想法，但他熟练应用这种不切实际的想法，从而开辟了一条通往成功的康庄大道。

人人梦想成功，但为帅者永远只占极少数，什么是你成为帅才的“绊脚石”呢？扪心自问一下，你有打破世俗常规的勇气吗？你有天马行空的思维吗？这一点不是谁都能够做到的，如果你做到了，你就已经获得了成为帅才的潜力，变得与众不同。

第三章

将帅之才的价值观

你是崇尚个人主义，追求单项工作的完美，

还是重视团队力量，喜欢和团队一起冲锋陷阵？

是凡事都喜欢亲力亲为，还是享受决胜千里之外的快感？

……请认真思考一下，给出你心中的答案，

你是将才还是帅才，一目了然。

将才修炼

1. 个人主义是成功的大忌

你的时间有限，不要浪费于重复别人的生活，不要让别人的观点淹没了你内心的声音，去追随自己的心灵和直觉。

——美国苹果公司创始人　史蒂夫·乔布斯

仔细观察我们不难发现，将才大多拥有独立的思想，不但深具雄心，也在乎个人成就，倾向于追求个人的成就，并且喜欢高高在上、受人景仰的感觉。

这本无可厚非，但要注意，如果太过于崇尚个人主义，就有可能让人生厌，更严重的还可能伤害到别人，在无形之中破坏人际关系，使自己走向孤立无援的地步，为自己的工作设置许多的障碍。此时，即使你再有才能，恐怕也不可能有很好的发展了。

“西楚霸王”项羽就是一个典型，项羽有着力拔山兮的气概，有着剑斩敌将的英勇，不愧是一名英雄。但他又太自我主义，刚愎自用，总想自己独占功劳，不肯重用他人，结果失掉了民心，原本跟随他的韩信、陈平等人都投靠了刘邦，这注定了项羽最后的失败。

类似这样的例子，现实中也不乏见。

刘斌是一家汽车销售公司的业务员，他的销售技能非常好，业绩在公司里是有目共睹的。但是有一个毛病，就是总想压别人一头。本来公司的客服人员非常支持刘斌的工作，只要是他的客户打来的电话，就会马上进行售后服务。但是刘斌总是一副高傲的姿态，显得自己高人一等似的。当客服工作出现问题时，他总会用夸张的语气说道："那么容易的事情也会出错?! 真是笨。"当有的客服不满意他的态度，他动辄就说："哼，真是不知天高地厚。给你们饭碗，没有我你们都要饿死……"

渐渐地，客服们都不喜欢和刘斌共事了。基于刘斌的职位和能力，他们不好意思彼此撕破脸，却通过行动与他对抗。后来，凡是刘斌的客户打来的电话，客服人员都一拖再拖。最后，这些客户不是打电话给刘斌，把怒火发到他的身上；就是直接投诉到公司，结果使刘斌挨了领导批评。由于售后服务不到位，刘斌的续单率非常低，原来的客户也都让其他业务员抢走了。他在公司待不下去了，只好灰溜溜地选择了辞职。

事例中刘斌的能力无疑是出众的，但他高傲自大，认为工作自己就可以干好，与别人合作没有意义，甚至还贬低、侮辱同事们的人格，从而令人产生了不好的印象。如此，怎么会赢得好人缘呢？最终，他的优秀也变成了昙花一现。

刘斌的惨痛教训，我们一定要引以为戒，如果你希望成为一名将才的话，尤其是当你还是小职员的时候。即便你是有才气、有信心、敢闯敢干的人，有一股"初生牛犊不怕虎"的勇气和精神，即便你很自我、很独立，但也不能太崇尚个人主义。

另外，在一个部门、一个岗位的时间待久了，很多人也会容易产生一种狭义的个人主义思想，觉得自已的部门才是最重要的，自已的岗位才是最重要的，自已的事情才是最重要的。不知不觉中，在工作中就会带有了一些傲气，多了一分不服气，这也要不得。

等你工作做好了，大家是有目共睹的。欢庆胜利时，不会少了你那份的。

2. 工作需要亲力亲为

所谓的那些实用知识，只有通过亲身体验才能学到。

——西方成功学之父　塞缪尔·斯迈尔斯

每一件事都要用心做好，要成功还要亲力亲为。

很多将才都是遵循这一条信念走上成功的。对工作尽心尽责，凡事亲力亲为，这是一种求真务实精神。如果不务实，或许就不可能有将才了。

这是因为，当今社会任何行业都有烦琐复杂的关系，是一环接着一环的，我们需要对自已的工作领域有一个很清楚、很全面的认识和了解。试想，如果我们对工作一知半解，如何能做到熟能生巧，将来有所成就，从而成为卓越的将才呢?

德国青年罗纳尔松大学毕业时，他的父亲已经是德国很有名气的电器商人了。父亲并没有直接给罗纳尔松安排经理、总监之类的工作，而是让他到一家名不见经传的小分厂上班，并说：“到了工厂，要亲力亲为做好每一项工作，如果你不想成为孤家寡人的话。”

罗纳尔松没有忘记父亲的谆谆教诲，他没有以自己是电器商儿子的身份自居，对工人们摆出一副高高在上的姿态，而是从最底层的零件打磨、组装做起。一年后，他又做起了产品的流通和销售工作；又一年后，他又开始了解公司的人事制度等。他谦恭地对待周围的人，罗纳尔松因此受益匪浅。

这样没过几年，罗纳尔松便对电器行业的各种工作了如指掌，而且再加上广大员工们对他的热情拥戴，他的父亲终于决定将公司的经营移交给他。员工们很乐意见到这样的经理，因为知道他是位亲力亲为的经理。之后，罗纳尔松凭借工作经验可以立即发现问题，将公司发展得非常好，他成为了德国电器行业举足轻重的人物。

要真正掌控一个企业，唯一的方法就是亲力亲为，除此之外，没有别的方法。

罗纳尔松为何能取得众人的支持和爱戴呢？因为他是一个亲力亲为的领导，而不是关在办公室里的，这样的领导会令下属倍感亲切。而当亲力亲为时，罗纳尔松也完全掌握了公司的各项业务，这是他开展工作、解决问题的一个重要途径，他必然能取得成功。

工作是千头万绪的，如果仅仅靠一点书本知识，靠一点传统经验，就想创造出“一流业绩”是不可能的，而只有亲力亲为，才能明察秋毫，见微知著，从而理顺工作关系，使工作有条不紊。所以，为将者一定要放下“架子”，亲力亲为，深入实际。

但是请注意，亲力亲为地做每一项工作，并不是要你将所有的工作大包大揽，因为没有人可以完全脱离别人而单独完成一项工作。单打独斗或单枪匹马，无论你表现得再努力，很多时候也很难创造出很高的价值，最终只能是一无所得，简直就是不自量力。

下面我们再来看一个事例。

经过三年的努力表现，韩梅被提拔为管理部主任。深感欣慰之余，她摆出了一个“舍我其谁”的姿态来，部门里的什么事情她都包揽，大小事情都要积极参与，好像什么事情没有了她就做不下去似的。公司制度的制订，某活动的宣传单，项目计划，每天的考勤工作……很快，这一系列的任务让韩梅有些喘不过气来了，几乎每天她都是最后一个走的。

老板初始感觉韩梅敢于承担，对其还有几分欣赏。但后来发现，本来很多事情可以齐头并进的，却因为韩梅的亲力亲为，大包大揽，导致工作不得不延长，有些甚至停滞不前。几个月下来，拖沓、工作效率低，成为韩梅给老板留下的印象，老板开始对韩梅不满了。而下属们对韩梅也很不满，认为韩梅爱抢风头，对他们不够信任，也不愿听她的安排了。

韩梅苦了自己，结果却落了个差评。

看到了吧，任何一个人的能力和精力都是有限的，每一项工作都亲力亲为，过于强调个人的力量，太有表现的欲望，不仅是剥夺了别人的权利，使自己始终处于忙碌之中，还会导致自己做不好任何事情，失去别人的尊敬和支持，如此何谈成为将才呢?!

一个人，一个公司，一个团队莫不是如此。

所以，对于一个“将才”来说，要想干好工作，就必须放下架子、沉下身子、想出法子，把解决问题作为首要任务，做到亲力亲为，至少应该亲自尝试一下，有个整体印象。同时，也要注意与别人的协助与配合，这样就能完全赢得众人的拥护和支持了。

3. 认真做好眼前的事

只有踏实地累积实力，才能为自己赢得独立与荣耀。

——俄国诗人　普希金

什么是将才？将才永远着眼于当下，从来不好高骛远。在他们看来，人的一生不管做什么事，都得踏踏实实地，做好眼前该做的事情。而脚踏实地的人，往往可以马到成功，心想事成。

也许有人会质疑，以“大丈夫处世，当扫除天下，安事一屋”的观点来反驳。“扫天下”固然伟大，但成就这一壮举，却也缺少不了“扫一屋”。如果连“扫一屋”都无法做好，那更无“扫天下”之毅力和能耐了，只会使自己失望，加深挫折感而已。

有这样一个真实的故事。

他是加拿大蒙特利尔综合医院的一名医科学生，临近毕业时他的生活中充满了忧虑：“我该如何通过毕业考试”“毕业后我该做什么工作？”“我能找到工作吗？万一找不到，我怎样谋生？”“我是不是需要自主创业？”……这些想法令他整天愁眉苦脸，寝食难安。后来，他去拜访了自己的导师，向导师倾诉了自己的烦恼。导师只说了一句话：“其实很简单，不要想得太远，踏踏实实地，把眼前的事做好吧。”

听了导师的话，他的思路豁然开朗。他把将来的打算、目标、理想全部丢开了，一心一意地干起了身边的、眼前的事：复习时间到了，他就尽心去学习功课；考试时间到了，他就耐心地去解答每一道题，不去考虑其他的事；开始上班了，他就努力去干好工作，也不去考虑其他的事。总之，眼前无论有什么事，他都全力以赴地去应对，扎扎实实去做。结果，他先是顺利获得了医学学位，后来又成为了当时最著名的医学家。他被誉为了“现代医学之父”，还被英国国王封为爵士，他就是威廉·奥斯勒。

威廉·奥斯勒是成功的，他的故事告诉我们这样一个事实：这边的工作还没影子，就想着那边的计划；现在的事还没干好，就惦记着将来的目标……好高骛远，急功近利，往往欲速则不达，什么事情都做不好。与其这样，不如踏踏实实把眼前的事做好。

做好眼前的事，反映的是一种信念，是一种能力。

这是因为，“踏实”看似简单，却是不变的真理。俗话说“积跬步以至千里，积小流已成大海”，罗马不是一天建成的，一口也吃不成一个胖子。成功没有捷径，也不能速成，只有从切实可行的基础做起，脚踏实地地做事，长久地坚持，才能走向成功的彼岸。

万丈高楼平地起，夯实地基为第一；参天大树搏风雨，扎实根基为第一；谷子低头笑茅草，丰盈子实为第一；有志之士建功业，充实自己为第一。在将才成功的身后，是一串串深深的足迹，一种对事业兢兢业业的态度，一种稳扎稳打累积起来的实力。

还有这样一个故事，一位大学教授问自己的学生：“假如达芬奇画展失火，你会抢救哪一幅作品？”结果，几乎所有学生的回答都是《蒙娜丽莎》。没想到，教授的答案却是：离自己最近的那一幅。这则故事告诉我们，当纷繁复杂的时候，最容易把握的是眼前的事。

看到了吧，认真地做好眼前是最明智的选择。

更何况，我们想做的事和会做的事，往往总是南辕北辙的，这种理想和现实的反差常让人感叹“千里马常有，而伯乐不多”。此时更应该看到自己的眼前，做好眼前的每一件事。如此，既可以从中获得经验与资历，又可展现自己才华，成功自然青睐你。

关于这一点，美国著名资本家、二十世纪世界上“第一个亿万富翁”洛克菲勒给我们树立了一个良好典范。下面，让我们一起来看看他是怎样一步步成为卓越大将，迈向成功与荣耀的。

年轻的洛克菲勒雄心勃勃，信心十足，他渴望大展拳脚地干一场。很快，他在一家石油公司找到了工作，但他的工作很简单，甚至连小孩都能胜任——查看生产线上的石油罐盖是否自动焊接封好。从清晨到黄昏，洛克菲勒过目几百罐石油，每天如此。很多人劝洛克菲勒应该换一个工作，毕竟这份工作太枯燥无聊了。不过，洛克菲勒并不那么想，他每天都认认真真地工作，干得不亦乐乎。领导原本以为洛克菲勒年轻气盛，干不了几天就走人了，当看到洛克菲勒的这种表现时，满意地点了点头。

时间长了，洛克菲勒发现罐子旋转一周，焊接剂共滴落 39 滴，焊接工作即告结束。洛克菲勒开始思考了：是否有可以改进的地方？如果把焊接剂减少一两滴，是不是会节省生产成本？凭借之前工作的经验，洛克菲勒对焊接机的构造很了解，说干便干，一番试验之后，他研制出了一款 38 滴型焊接机。虽然只是减少一滴焊接剂，但每年却为公司节省了 5 亿美元的开支。就这样，洛克菲勒成为了这家公司的高管，走向了成功的道路。

尽管工作相当枯燥无聊，又极其简单，但洛克菲勒没有灰心失望，急于求成，能应付就应付，能推诿就推诿，而是认真做好手头工作。正是因为这种脚踏实地的工作态度，他各方面的能力获得了提升，最终他做出了不俗的成绩，赢得了公司的认可和重用。

任何大事都是从眼前事开始的，“突然”的成功大多都来自于微小而不间断的“脚踏实地”。这里需要的是有韧性而不失目标，时刻在前进，哪怕每一次只是前进了很短的、不为人所瞩目的距离。可见，做大事难，做眼前事也难，把眼前事做好更难。

你是将才吗？你想成为将才吗？从此时开始，一步一个脚印地往前走吧。

帅才修炼

1. 重视团队，集体的胜出凸显个人的能力

公司的成功靠团队，而不是靠个人。

——美国管理学大师　罗伯特·凯利

将才喜欢单打独斗，帅才却往往不同，他们非常注重能否和周围的人和谐相处，然后通过与别人的配合和协作，展现出自己卓越的能力，进而争取优秀的工作业绩。

从“能干的人”到“团队伙伴”，这是一个帅才的最好体现。

有人可能认为，与别人的有效配合，要照顾团队的利益，自己的工作就要受到影响。也就是说，要对团队负责，就不能对自己负责。事实上，这是一个错误观念，因为团队利益和个人利益是捆绑在一起的，团队好了大家都好。

团队为什么如此重要呢？

一般来说，人们的正常思维逻辑是“1+1=2”，或者充其量认为“1+1>2”，但那些十分聪明的帅才们却善于利用团队的智慧来使自己和团队共同进步，

并且借此机会让自己的利益最大化，导向成功的思维逻辑为“1+1=11”，这就是团队的力量。

自古以来，我们就知道“众人拾柴火焰高”“一个篱笆三个桩，一个英雄三个帮”等俗语。这些俗语都在启示我们一个道理——唯有依靠团队的力量，依靠他人的智慧，实现集体的胜出，才能凸显个人的能力，最终成就自己。

在工作中更是如此，没有一个人能够离开团队独自完成一项工作，即便是能力再强的人，也离不开他人的帮助。尤其是在当前社会中，随着科技的发展，职场分工越来越细，你无论拥有多大的能力，无论处于什么样的位置，都离不开他人的协作。

对此，微软中国研发中心的总经理张湘辉博士曾说过这样一段话：“如果一个人是天才，但其团队精神比较差，这样的人我们不会要。中国 IT 业有很多年轻聪明的天才，但团队精神不够，所以每个简单的程序都能编得很好，但编大型程序就不行了。”

事实上，任何一个帅才的成功，绝对离不开所处的那个团队。一个成熟的领袖，也都会利用身边的“智囊团”，为自己“度桥”。例如，索尼公司的副总裁井深大刚的成功。

井深大刚大学毕业后进入了索尼公司，并有幸获得了索尼老板盛田昭夫的重用，他被安排在一个重要的岗位上，全权负责新产品的研发。虽然井深大刚对自己的能力充满信心，虽然他很愿意担当此重任，但他有些犹豫，毕竟这项工作绝不是靠一个人的力量就能做好的。

看到井深大刚的犹豫，盛田昭夫说了一句话：“我知道单靠你一个人来研发新产品是不现实的，不过我们有一个成熟而和谐的团队，这是我们的优势。如果你能充分地融入进来，把众人的智慧联合起来，还有什么困难不能战胜呢?”井深大刚一下子豁然开朗:“对呀，我怎么光想到自己?不是还有二十多位同事吗?为什么不和他们共同奋斗呢?”

随后，井深大刚找到销售部的同事，请教公司产品销路不畅的原因。同事告诉他:“我们的磁带录音机之所以不好销，一是太笨重，二是价钱太贵。您能不能在轻便和低廉方面多加考虑?”井深大刚点头称是;紧接着，井深大刚又来到技术部，同事告诉他:“目前美国已采用晶体管生产技术，不仅大大降低了成本，而且非常轻便。我们建议您在这方面多下功夫。”听到这里，井深大刚大喜;在研制过程中，井深大刚又和生产第一线的工人团结起来，精诚合作，共同攻克了一道道技术难关。

1954 年，井深大刚试制出的日本最早的晶体管收音机一举成名，索尼企业由此迈进了新纪元，而井深大刚本人也被任命为索尼公司的副总裁。

井深大刚的成功故事，让我们认识到一个真理，每一个人的智慧和才能都是有限的，但是一旦形成了团队，善于借用团队智慧，善于协作共享，那么就能充分调动整个团队所拥有的能力、智慧等资源，这无疑比个人所能创造出的价值总和要多得多。

团队讲的是协作与合力，所以为帅者既要能认识到团队的重要，也要具备建设团队的能力，并寻求最为有效的方法提高团队的效率，这样才能高效履行自己的职责和使命。其中最好的方法是，使全体员工有一个统一的认识，构成一个共同目标。

例如，作为领导或上司，你最好要规定每一年，或每一个季度，或每一个月的一个计划，把该计划告诉大家，“今年我们需要实现多少产值”、“需要完成多少销售”、“需要回收多少利润”等。这一计划必须先落实到大家心里，然后才能落实到大家的行动上。

2. 运筹帷幄，享受决胜于千里的快感

用 20%的付出可以赢得 80%的收益，这是成功人士所掌握的奥妙。

——意大利经济学家　帕累托

如今各行各业的竞争激烈，帅才之所以能够成为帅才，必须拥有过硬的本领和超人的眼光。如何做到呢？很简单，在处理各种事务的时候要做到能“入”能“出”，应付自如。“入”，就要亲力亲为，置身其中；“出”，则要运筹帷幄，全面掌控。

准确说，将才是亲力亲为的实干家，帅才是运筹帷幄的规划者。

帅才为什么要“出”呢？因为，一个单位、一个部门会有多种工作同时出现，一个人可能会有多种职务或多项工作集于一身，而且这些工作都必须做，不可放弃其中哪一项。事情错综复杂，这时如果盲目应付，其结果必然是丢三落四，毫无头绪，事倍功半。

相反，如果能运筹帷幄，事先规划，那事情也就成功了一半。

古代著名的谋士张良不正是因为此，辅助汉高祖刘邦得到天下的吗？

张良是秦末汉初的杰出谋士，深明韬略，足智多谋，运筹帷幄，最经典的谋术当属“下邑之谋”。彭城一战，刘邦遭到了自起兵以来的最大的惨败，其父及妻子吕雉都被楚军俘获，众诸侯也纷纷背汉向楚，刘邦狼狈逃至下邑，

万念俱灰。在此兵败危亡之际，张良想出了一个策略，那就是派舌辩名臣前往九江，策反与项羽有隙的楚国猛将、九江王英布；接着又遣使联络没有被受封，对项羽怀有不满的楚将彭越；同时，再委派韩信率兵北击燕、赵等地，迂回包抄楚军，这就是著名的“下邑之谋”。“下邑之谋”虽不是全面的战略计划，却巧妙地利用英布、彭越、韩信三人构成了一个内外联合共击项羽的军事联盟，决定了千里之外战斗的胜利，使刘邦由战略防御转为战略进攻，扭转了楚汉战争的局势，最后兵围垓下打败项羽，建立了汉朝。在之后的庆功宴上，汉高祖大赞张良：“夫运筹帷幄之中，决胜千里之外。”

汉朝建立后，汉高祖一口气将张良、萧何、曹参等二十多个大功臣分封，对一些中小将领则暂未分封，决定一段时间后再论功行赏。谁知，那些没被行赏的将领既担心得不到封赏，又害怕汉高祖记恨他们平日的过失而杀了他们，所以私底下准备造反。汉高祖得知后担忧不已，这时张良献计，让汉高祖封赏几次背叛投降他军，害汉高祖差点丧命，但碍于是同乡汉高祖又不忍下手的雍齿，“连雍齿您都能封赏，他们就确信自己都能得到了，军心也就安定了。”汉高祖采纳了张良的建议，果然那些将臣们个个欢天喜地，“陛下把平时最憎恨的雍齿都封为侯了，我们还有什么可担心的呢?”之后张良快马加鞭，提议让汉高祖加快定功封赏的步伐，对有功之臣加官进爵，如此稳定了当时的政局，对汉初的发展打下了坚实的政治和群众基础。

作为谋士，张良的工作是繁重的，但他头脑清醒，权衡轻重，掌握重点，进行了周密计划，如内外联合的联盟扭转了战争的局势，分封雍齿的做法抓住了行赏的关键。试想，如果没有抓住雍齿突破口，恐怕再分封十几人也难以达到赢得人心、稳定政局的目的。

由此可见，“千里决胜始于帷幄运筹”，要想取得事情的顺利成功，要想获得卓越的成就和地位，筹划工作相当重要。唯有如此，我们才能在自己的领域里得心应手，游刃有余；对各种细节了如指掌，百战不殆；面对未来的发展，洞若观火，高瞻远瞩。

这就要求帅才们统筹处世，把握事物的关键，控制事物发展势态，提纲挈领；在矛盾错综的情况下，要抓住主要矛盾处理，次要矛盾会迎刃而解；在多项工作交错状态下，视情况对待，统筹兼顾，能合并处理的尽量合并，不能合并的作为单项工作处理。

听过管理学上的“二八法则”吗？意大利经济学家帕累托经过大量研究观察发现一个现象，几乎在所有的事物上，导致事物的最终结果可能只归因于少数的原因、投入和努力。具体表述为：80%的成绩源自20%的付出，我们所做的事情大部分是低价值的。

如果你能够坚持“二八法则”做事，那么胜利必将属于你和你的团队。

威廉·穆尔曾是一名普通的销售员，为美国的格利登公司销售油漆。他是一个勤奋上进的年轻人，每天上午他在公司不停地查阅资料，寻找那些潜在的客户；下午则马不停蹄地去一个个地拜访客户，开拓销售市场。但是第一个月下来，他的业绩可怜，仅挣了160美元。这让穆尔感到失望并困惑，“到底哪里出了错？以后我该怎么办呢？”

后来，穆尔从一个前辈那里得知了“二八法则”。他仔细地观察自己的销售图表，并做了进一步的分析，他发现自己80%的收入来自于20%的客户，但是他对他们当中的所有人，花费的时间都是一样的，这正是他仅赚160美元的主要原因。于是，他把犹豫不决的36个客户分配给了其他的销售人员，自己则“主攻”那些最有可能购买产品的客户身上。

这种政策实施不久后，穆尔便轻而易举地挣到了1000美元。在接下来的

9 年中，他仍然坚持这一原则，销售业绩一直在公司中排在前几位，最后他成为穆尔公司的董事长。

威廉·穆尔的成功在于，他后来明白了，想把自身的精力和努力平均分配给每一个客户，“一碗水”端平是不可取的。明智的方法就是运用“二八法则”做事，充分关注发挥主要作用的大客户，将优先的精力投注到他们身上，最终他取得了事半功倍的效果。

懂得了运筹帷幄，每个人都可能成为帅才，享受决胜于千里的快感。

与此同时，一个企业要想在激烈的市场竞争中立足，不仅要拥有一个强有力的工作团队，更要有一个能运筹帷幄的管理者，来出谋划策，来领导和指挥整个企业的运行，帅才的重要性不言而喻。这就像是一个乐队，再优秀的乐师都要在指挥棒的引导下演奏。

对此，美国前总统布什曾说：“作为一个企业最高领导人，企业家的素质决定着企业命运的兴衰，一个企业家要发展离不开领导者，一名杰出的领导其本身就是企业最重要的战略资源，而一个领导在行使管理职能的过程中，必然要运筹帷幄，得力于心。”

为此，你要学会把看似繁杂的事物拉回到你的“诉求点”上来，最好每天问问自己：“今天无论如何，我必须完成的几件事都是什么？”“今天独立思考和工作哪个效率更高？如何保证？”“出差、开会、谈判、应酬等活动，哪项更有利于我的工作？”

3. 目光长远是帅才的过人之处

把眼光放长远，这是踏上成功之路的一条秘诀。

——美国作家　唐·多曼

所有卓有成效的帅才，都有成大事的价值观，其中之一就是要有远见卓识。

“思路决定出路，眼界决定境界”，这话一点不假。将才因为认识的局限，往往比较“木讷”，只专注于眼前，这样很容易走错方向或在发展中遇阻。而有远见的帅才，却可以在更高的立足点上，以更开阔的视野，对整体工作进行审视，使工作能力越来越强。

被誉为清代“红顶商人”的胡雪岩有一句至理名言：“做生意顶要紧的是眼光，你的眼看得到一省，就能做一省生意；看得到天下，就能做天下生意；看得到外国，就能做外国生意。”其中，胡雪岩就是目光长远的帅才，他的成功也正阐释了这点。

胡雪岩原本是农村的一个放牛娃，一次他在放牛时捡到了一个包袱，打开一看，里面全是金银财宝。这些金银财宝够全家人过几十年了，但胡雪岩没有将包袱拎回家，而是坐着等失主。包袱失而复得，失主高兴极了，便用一些金子酬谢胡雪岩，胡雪岩连忙拒绝了。当得知失主是大阜一家杂粮店的老板后，胡雪岩想到自己不能一辈子当放牛的，便提出能否给对方当学徒的要求。失主感动胡雪岩的拾金不昧，便很痛快地收他为徒了。当时胡雪岩只有13岁，一个小孩子却有如此长远的眼光，不可小觑。

胡雪岩在大阜杂粮行干得很好，后来他注意到杂粮行发展前景暗淡，而钱庄的生意很好，便打算去钱庄做事。当他打听得知钱庄的学徒要算钱算得很快，打算盘打得很熟，写字写得很漂亮时，他二话不说马上开始练习计算和写字，并被成功录用了。在钱庄，胡雪岩在做好工作的同时，总会有意地与一些富绅、官场中人交往。正是在这一时期，他结识了患难之交王有龄、浙江巡抚左宗棠。后来他自立门户，在王有龄的帮助下，一跃成为杭州一富；后来得知左宗棠的军队粮食短缺，胡雪岩自告奋勇，筹齐了十万石粮食，雪中送炭，得到了左宗棠的赏识并被委以重任。

在深得左宗棠信任后，胡雪岩常以亦官亦商的身份往来于宁波、上海等洋人聚集的通商口岸间。据他观察，清朝开埠之后，国外的生丝需求量日益增大，但由于华商各自为战，洋人控制了中国生丝的价格权。于是，他高价尽收国内生丝数百万担，定一个价，愿买就买，不愿也不调价。胡雪岩的这一构思可谓是有远见、有气魄，在与外商买办斗智周旋后，他成功地拿下了第一笔洋庄生意，赚了18万两银子的利润。之后，他通过生丝和外商们取得了联系，为后来驰骋十里洋场打下了基础。

拾金不昧，不要报酬，而要求去杂粮行当学徒；意识到杂粮行发展前景暗淡，便转向去钱庄做事，亲近富商和高管，多次雪中送炭；再到后来尽收国内生丝数百万担，开始与洋人做生意。这一次次证明了胡雪岩的目光长远，富有卓识，看得远所以做得大。

当大家都沉迷于眼前，而不敢继续迈进之时，眼界长远之人却敢走，这就是那些帅才有别于普通人的原因。

“欲穷千里目，更上一层楼”，是否拥有广阔的视野决定了这个人是否有资质成为一名帅才。没有远见的人，在本质上就成不了帅才，因为你不比别人看得远，你不具有远见卓识，你知道的别人都知道，你能做的别人都能做，别人凭什么要听你的?!

尤其是如今竞争激烈，只有具有长远的眼光，才能看到长远的未来；只有具有长远的眼光，才能采取科学有序的行动，才能使自己获得更进一步的发展；只有具有长远的眼光，才能不被社会所淘汰，甚至先别人一步取得成功，成为令人瞩目的成功者。

在美国最大的香烟制造厂雷诺烟草公司里，曾经有这样一项绝密计划——RL，在RL的文件上，注明有“机密”的文字。文件平时锁在保险箱内，只在最秘密的会议上讨论，并由高级职员亲自传递。在4年的时间里，只有不到50个人知道。此计划的负责人雷奇先生说：“我们运用了所有军事情报的技巧，和军事情报不同的是，我们的安全性更高，我们的规模更小。”到了1986年，RL的谜底终于揭开了。它既不是新式系统，也不是什么高科技，而是雷诺烟草公司正计划推广的一种名为Real的香烟。

当时的市场背景是，烟客已经渐渐意识到吸烟的危害，均在寻找含焦油与尼古丁较少的香烟。Real牌香烟每根焦油和尼古丁的含量是9毫克与0.8毫克，比普通的含量要低好几倍。事实上，4年前雷奇先生就意识到早有一天人们会意识到香烟对健康的危害，会转抽安全香烟的这一趋势。开始计划制造Real牌香烟之时，他的重点就不是放在焦油含量上，而是在“自然风味”上，强大的广告攻势全都强调Real是“自然风味”的香烟。没过多久，雷诺公司就占有了所有低焦油香烟销售数的40%。

Real 香烟能够一举成功，顺利占领市场，并不是偶然的——正是因为雷诺公司雷奇先生的过人之处，这种过人之处就在于目光长远。他早早意识到消费者会知晓香烟对健康的危害，进而转抽安全香烟的这一趋势，所以早早生产开发了“自然风味”的 Real。

见事于无萌即是远见，见人所未见便是卓识。

你希望成为远见卓识的帅才吗？你渴望在激烈竞争中站稳脚步吗？

那么，请拿起你的望远镜，看前方。

第四章 将帅之才的左右脑

对于将帅之才来说，能否正确地分析、思考并解决问题，

是衡量其领导水平的标准，

这里的关键在于具有高超的思维能力。

所以，如果你能把握一些思维方法，

用好你的左右脑，你就能成为力量无边的人。

将才修炼

1. 善用辩证思维，具体问题具体分析

同一措施不能适合所有的环境，钥匙对了，才能打开锁。

——民间俗语

身为领导者，随时会遇到各种纷繁复杂的问题，这时你会如何思考呢？

每个人或许有自己的思维方法，但在将才这里，有一个方法却是可以通用的，那就是辩证思维。所谓辩证思维，就是运用分析、比较等方法，找出符合实际情况的解决方法，也就是我们常说的“看菜吃饭”、“量体裁衣”，坚持具体问题具体分析。

领导者面对的问题多种多样，不同的问题有不同性质，即使相同的问题也有细枝末节的差别。现实中为什么有些领导的工作总是被动？原因在于他们缺乏辩证思维，不顾实际情况，常用相同的办法解决不同的问题，结果碰了钉子，犯了错误，事倍功半。

《水浒传》里面的“宋江三打祝家庄”就是一个很典型的故事。

祝家庄是梁山泊附近的一个大家族，为了从祝家庄夺取丰富的粮食，宋江决定带兵攻打祝家庄。一打祝家庄，宋江等人直冲猛上，没有考虑祝家庄地质上比较险恶，机关重重。结果一进祝家庄，大家便迷了路，不知道该从哪里攻击了，结果吃了败仗；二打祝家庄，宋江等人提前熟悉了进祝家庄的道路，谁知一进去就遭遇了对方营盘里的伏兵，而且这次祝家庄还与附近的李家庄、扈家庄联盟，大家乱了手脚，又不知该从哪里出来，结果又输了；第三次，宋江等人改变方法，从调查入手，具体问题具体分析，不仅熟悉了进出的道路，拆散了祝家庄和李家庄、扈家的联盟，还用了和外国故事中所说“木马计”相似的方法，内外接应，结果这次终于打了胜仗。

第一次不识进去的路，宋江等人陷入险境；第二次虽识得了进去的路，却因不知出来的路，且有李家庄、扈家庄救应，宋江等人又败；第三次攻打时，深入了解，重新部署，终于取得了胜利。三打祝家庄的战争是符合辩证思维的，有其深刻的哲学意蕴。

我们认识事物的根本目的是为了正确地解决矛盾，事物的矛盾各不相同，解决矛盾的方法也不可能千篇一律。既不能照搬前人的思路，也不能依赖类似事件的方式，而是具体问题具体分析，就事论事，就事办事，妥当处置，这才是有见识、有作为的领导人才。

传说，明朝北京城里有一个裁缝，他裁制的衣服，长短肥瘦，无不合体，因此许多人喜欢找他做衣服。不过，他与其他裁缝有一点不同，就是他除了量顾客的身材、尺寸外，还要询问对方的性情、年纪以及中举时间等。人们感到奇怪，问他为什么要这样。

这个裁缝回答说：“如果是青年中举，必定意高气盛，性情骄傲，走起路来抬头挺胸，因此衣服要做得前长后短；做官有了一定年资，大都没那么兴奋，走路不免弯腰曲背，做的衣服就应前短后长；性情急躁的，衣服要做得短；性子慢的，衣服应做得长些。

不难看出，这位裁缝之所以能够名响京城，与他能出色地做到具体问题具体分析、一切从实际出发分不开。后来，“量体裁衣”这个成语泛指人们根据具体的情况处理问题。

因此，当工作中遇到左右为难的问题时，你不妨利用一下辩证的思维，先了解某事的真相后，再因地制宜，对症下药，从中寻找出解决问题的有效途径。为将者养成这一习惯非常重要，或许你的工作不是多么成功，但这样做了，至少你不会再走歧路。

从大学毕业后，李·艾柯卡在美国福特汽车公司做起了销售员的工作，并且主要销售一款1956年型的新车。前几个月，艾柯卡的销售情况十分糟糕，总是同事之中垫底的，他为此而情绪低落。这款新车外形和功能都很好，为什么就卖不出呢？通过调查了解，艾柯卡得知问题在价钱上，虽然其他方面很吸引人，但价钱太贵了，所以几乎无人问津。

降低车价吗？这不是自己能做主的，而且也不是提高卖车提成的好办法。怎么办呢？有什么办法可以在不降低车价的前提下，让这款汽车显得便宜起来呢？艾柯卡开始了冥思苦想，终于有一天他突然想到：“既然一次性支付车款会给客户们形成较大的经济压力，为什么不尝试下分期支付呢？”他快速来到经理办公室，提出了自己的销售方案，即只要先付20%的车款，其余部分每月付56美元，3年付清。这样，一般人都负担得起。经理觉得这个方法很棒，当即推出“花56美元买一辆56型福特”的广告。

“花 56 美元买一辆 56 型福特”的做法，打消了人们对车价的顾虑，还给人们以“每个月才花 56 美元，实在是太合算了”的印象。随后短短 3 个月中，艾柯卡的业绩火箭般直线上升，其他销售员仿照此法，结果该款汽车销售量一跃成为全国冠军，年销量更是高达 7.5 万辆。艾柯卡因此名声大振，不久被公司提拔为华盛顿特区的销售经理。

李·艾柯卡是一个非常有智慧的人，他具体情况具体分析，想出了“花 56 美元买一辆 56 型福特”的销售方法，这是辩证思维的结果。从这个故事可以看出，世上没有不能解决的问题，只要你认真地分析，辩证地研究，再难的问题也可以得到完美解决。

你想成为将才吗？那就大胆效仿吧！

2. 逻辑严密，能进行理性分析

思考问题没有逻辑性，是不能不受惩罚的。

——某公司高管

思考问题时有一个概念常常被人们提及，它就是——逻辑。什么是逻辑呢？在现代汉语词典里，“逻辑”的含义是思维或客观性的规律，而逻辑思维则是一种确定的而不是模棱两可的，首尾一贯的而不是前后矛盾的，有根有据的而非随意编造的左脑思维。

你会逻辑思维吗？如果你通常会依据事实、图表、市场数据和消费者调查进行决策，那么恭喜你，你是将才的潜力股。将才一般擅长左脑思维，具有较强的逻辑思维能力，在问题面前往往能够理性地进行分析，进而找出问题的关键，成功地解决问题。

逻辑思维为何如此强大呢？看看这个故事，你就会明白了。

战国时期，齐国将军田忌经常和齐威王押赌赛马，尽管田忌指挥作战时从容有度，战功显赫，但在赛马上却屡次失败，输了不少钱。这天，田忌又输了，他显得垂头丧气，这时好朋友孙膑过来拍着他的肩膀说："我刚才看了赛马，上、中、下三等，威王的马都比你的马快不了多少。你别失望，下一把您只管下大赌注，我保您能赢。"

田忌相信并答应了孙膑，与齐威王用千金来赌胜。比赛即将开始，孙膑对田忌说："第一局用您的下等马对付他的上等马，第二局拿您的上等马对付他的中等马，第三局拿您的中等马对付他的下等马。"比赛开始，第一局当然是田忌输了，但第二局、第三局他都赢了。三局两胜，最后田忌从齐威王手中接过了一千两黄金。

孙膑的计谋本身虽小，但其思维方法却不同寻常。这个思维就是简单的逻辑思维：孙膑并没有更换赛马，不过是遵循严密的逻辑规律进行了理性分析，对原有的比赛顺序进行了新的排列组合，结果帮田忌以三局两胜取得了想要的胜利。

不难理解，逻辑思维教我们抓住了问题的关键，看透问题的本质，明白现象的原因，洞悉每一件事带来的影响，最后获得符合逻辑的正确答案或做出合理的结论。一个人一旦拥有了逻辑思维，就具备了管理能力和解决问题的能力，你不想成功都难。

例如，要了解化学上的“氢氧化钠”，俗称“火碱”是什么？我们就要经过一系列的实验与观察，掌握氢氧化钠的理化性质，然后从不同的角度，通过分析、比较、抽象、概括等思维活动，才能撇开氢氧化钠的具体形象，找出它的特有属性、本质特征。

很多人遇到问题时，不知从何下手，抓工作抓不住要害，做事做不到点子上，这都是因为没有逻辑性的思维，不知道如何进行合乎逻辑的判断和思考，这样对问题的判断、理解、认知容易是片面的，思考过程缺乏严谨，因此也不可能深入问题的本质。

看到这里，你是不是迫不及待地想知道培养逻辑思维的方法？告诉你，一个问题的发生也是有其逻辑可循的，这就意味着，每当我们需要了解和解决某个问题时，都要去理性分析因果关系。从那里出发，你就容易展开逻辑思路，逻辑过程就很清晰。

我们来看一个成功的例子。

19 世纪后半期，欧洲市场上有很多种刮胡刀，但是大多数刮胡刀既不好用又不安全，个别的安全刮胡刀价格又太高，人们把购买和使用安全刮胡刀看作是一种奢侈的行为。经常用刮胡刀的人算过这样一笔账：一把最便宜的安全刮胡刀相当于一个工人 5 天的工资，买一把安全刮胡刀的钱可以去理发店刮 5 次胡子，因此这些安全刮胡刀很难卖出去。

怎么办呢？很多刮胡刀营销商对此一筹莫展。这时，一个叫吉列的生产商通过分析刮胡刀的结构和市场需求，想明白了新式刮胡刀销售不畅的原因。于是，他生产的安全刮胡刀采取了一种分拆方法，把刮胡刀分拆为刀架和刀片两部分，然后分开来卖。成本最大的刀架可以赠送给顾客，而成本低的刀片反而提高价格出售。这种设计和销售方式有独到之处，原来吉列公司将整个刀架设计成一种特殊形式，只适合放吉列的刮胡刀片。

接下来，吉列又根据消费者的心理接受能力计算了价格：假如每支刀片的制造成本是 1 分钱，而售价是 5 分钱。在消费者看来：去理发店刮一次胡子的成本是 10 分钱，一个刀片的价格是 5 分钱，但是可以用 6 次，平均下来，自己刮胡子的成本还不到 1 分钱，只相当于 1/10 的理发费用，算起来是非常合算的。使用刮胡刀的顾客当然也会算这笔账。但是，价格昂贵的刀架是让顾客犹豫不决的一个重要因素，于是，吉列公司的降价出售刀架使他们感到非常愉快。首先用廉价的刮胡刀架占领市场，然后再提高刮胡刀片的价格实现利润，这种销售方法自然取得了成功。

吉列公司的成功，就是遵循了逻辑分析法。

逻辑一定存在，随时存在，无处不在，不论你能否发现。你想做好工作吗？你想脱颖而出吗？你想成为将才吗？那就培养你的逻辑思维吧，将掌握的知识组合起来，弄清步骤、分析过程等。一次又一次，你就会发现，你解决问题的能力有了很大提高。

3. 理性的头脑很少靠直觉

我的成功并非源于高的智商，我认为最重要的是理性。

——美国投资专家　沃伦·巴菲特

你做事理性吗？请认真回答，这关乎你能否成为一名将才。理性是什么？很简单，就是面对层出不穷的问题，错综复杂的各种矛盾，能够全面把握事物现象与本质的一种思维能力。俗话说“三思而后行”，思考什么呢？思考的是问题的根源和起因，这就是一种理性表现。

之所以要三思，是因为事情并不是想象的这般简单，表象总是容易迷惑人心，有时我们的直觉会出错。单凭直觉，异想天开地想怎么样就怎么样，很难得出正确的结论，而且很可能把事情弄得一团糟，这种人“成事不足，败事有余”，永远不能领略成功。

宋国有一个富商，一天天空下着瓢泼大雨，他家的墙被雨水冲塌了大半。儿子说：“爹，我们叫人把这里修一修吧，不然到时候有盗贼来偷东西就麻烦了！”邻居老大爷站在一旁，也插了一句：“是呀，公子说得没错，就修修吧，也花不了几两银子。”

面对儿子和邻居的劝告，富商满脸不在乎地说：“哪有盗贼敢来偷我家啊？这是不可能的。再说，修一堵墙得花我多少银子啊，而且那该多受累啊，我才不找那份罪受呢……”岂料，晚上富商家真的丢东西了，值钱的古董花瓶、名画，还有金银珠宝，都被偷走了。结果，那个富商说：“当时就我儿子和邻居在场，肯定是邻居偷了我们家的东西!”

既然是儿子和邻居同时在场，为什么偏偏只怀疑邻居呢？“智子疑邻”的故事让我们认识到，感情的亲疏常常影响我们对事物的认识，让我们产生主观臆测，这样很容易得出错误的结论。相反，唯有从理性的角度客观评价事物，我们才能做出正确判断。

理性的人办事沉稳谨慎，思维严密，深得别人的器重和赞美，这样的人方能称为“将”。

沃伦·巴菲特是美国有史以来最伟大的投资家，他非常强调理性：“投资没有百分百安全，你必须是理性的。如果你不理解这一点，就别做投资。”在职业生涯里，巴菲特一直铭记这一投资经验，他从来不相信谁能预测市场，不管别人说得多么诱惑人他都能置若罔闻，也不会盲目地跟随市场牛熊追涨杀跌，而是理性地研究投资市场的变化。

在2005年到2007年猛涨的大牛市，很多投资家都被冲昏了头脑，疯狂地投入现金，巴菲特却非常理性，他认为凡事都会物极必反，他抵制住了多赚几百亿美元的诱惑，慢慢地收回自己的资本，将200多亿美元现金拿在手上，只赚微薄的存款利息。结果2008年美国爆发有史以来最严重的金融危机，巴菲特因为有大量现金而安然度过。

对于自己的成功，巴菲特解释说：“人往往是很感性的，理性就意味着控制自己的感性，按照规律来行事。我很理性。很多人比我智商更高，很多人也比我工作时间更长、更努力，但我做事更加理性。你必须能够控制自己，不要让直觉左右你的理智。”

做事理性些好，这样你才会少犯错误、少走弯路，更容易达到成功。切记：凡事都不能太冲动，不能只跟着感觉走，多思考才能不后悔！

那么，如何理性判断，理性做事呢？很简单，尽可能多地收集各方面的信息，以实践中得来的感性材料为基础，去伪存真、由此及彼、由表及里地进行分析和归纳，使之从经验层次上升到理论层次，也就是上升到理性认识，把握问题的规律、关键和本质。

达尔文是英国生物学家，进化论的创始人，他的巨大成就是如何来的呢？不是运气，不是直觉，而是与其科学方法特别是理性思考密切相关。达尔文从小就热爱大自然，尤其喜欢打猎、采集矿物和动植物标本，热心于收集甲虫等动植物标本。1831 年，他跟着海军勘探船开始了环球考察研究，在旅行途中，他观察那些小鸟、蝴蝶、蚯蚓……与此同时，他还不断地采集矿物和动植物标本，挖掘生物化石等，还发现了许多没有记载的新物种。在历时 5 年的环球考察中，达尔文积累了大量的资料。

但是，达尔文并没有仅仅止步于积累资料，也没有急于发表自己的结论，他不停地进行实验、观察、比较、论证，为自己的理论进行完善。最后，他经过理性的思考揭露了许多本质，譬如他从许多昆虫陷入毛毡苔事实中发现了这种植物有奇特的吞噬能力。通过长期的研究，达尔文还发现，生物在世代与世代之间具有变异现象，这是进化论的核心思想。这时，并非达尔文一人提出了进化论的理念，但是他的理论最系统，论证最有力，细节也最完善，《物种起源》一出版就引起了世界轰动。

考察发现—观察比较—得出结论，理性的头脑，理性的思考，对达尔文从事的科学研究产生了极大的推动作用。一个科学家如果没有理性思维能力，就永远只能停留在事物现象的表层，无法有所发明创造，也无法取得良好的业绩，任何人也是如此。

理性铸就成功，理性点吧，成就大将之风。

帅才修炼

1. 善于抽象思维，有化零为整的悟性

请你坚信，一个又一个的小目标串起来，就会成就你一生的大目标。

——佚名

有一个普遍的现象：面临一个相对艰巨的任务时，如“一年拜访三千个客户”、“三年内从普通职员升为部门经理”，我们很多人会觉得自己很难做到，会产生焦虑、茫然等消极心理或者干脆选择逃避，明日复明日，一拖再拖，结果什么都干不成。

将帅之所以是将帅，是因为他们能做到普通人做不到的事情，即便这项任务很艰巨。不同的是，将才的方法是埋头苦干，具体问题具体分析；帅才的方法却会化整为零，把任务分成比较容易的一个个小块，这是一种抽象思维的妙用，也是一个成功捷径。

关于“化整为零”的妙处，有一个非常著名的实验。

心理学家组织三组人，让他们分别向着一万米以外的三个村子进发。

第一组的人，心理学家既不告诉他们村庄的名字，也不告诉他们路程有多远，只告诉他们跟着向导走就行了。刚走出两三千米，就开始有人喊累；走到一半时，有人抱怨为什么要走这么远，何时才能走到头；越往后，他们的情绪就越低落，有人甚至坐在路边不愿走了。

第二组的人，心理学家让他们知道了村庄的名字和路程距离，但路边没有里程碑，他们只能凭经验来估计行程的时间和距离。刚开始时大家还有兴致，但走到一半时，大多数人想知道已经走了多远，比较有经验的人说："大概走了一半的路程。"于是，大家又继续往前走。当走到全程的四分之三的时候，大家开始觉得疲惫不堪，而路程似乎还有很长。

第三组的人，心理学家不仅告诉了他们村子的名字、路程，而且还在路旁每一千米都做了一块里程碑。边走边看里程碑，人们一直知道自己走了多少，离村子还有多远。当看到里程碑显示离村子越来越近了，大家虽然有些累，但情绪一直很高涨，很快就走到了。

从这个实验中，我们可以得出这样的结论：如果人们的行动有明确的目标并能不断将行动与目标加以对照的话，那么他们就清楚地知道自己与目标之间的距离，这样人们行动的动机就会得到维持和加强，就会自觉地克服遇到的困难，努力实现目标。

的确，很多人心里都有一张清晰的目标地图，但因为面前有太长的路要走，就有些无从着手，甚至望而生畏。因此，为了不让自己丧失信心，你不妨将目标分解。一旦化整为零，任务难度就降低了，就可以通过完成一个又一个的小目标来达成大的目标，走向成功。

怎么样？听起来很不错吧！事实上，不少人正是因为善于抽象思维，凭借“化整为零”的悟性，攻克了一个个艰难的、不易完成的工作任务，最终成为一个功成名就、人人敬佩的帅才的，例如，著名的日本田径运动员、国际马拉松比赛冠军山田本一。

山田本一原本是一名名不见经传的日本运动员，后来他在1984年东京国际马拉松邀请赛、1986年意大利国际马拉松邀请赛上，先后出人意外地夺得了世界冠军，一时间轰动了整个世界。当记者问山田本一凭什么取得如此惊人的成绩时，不善言谈的山田本一用了同样一句话回答："用智慧战胜对手。"当时许多人对山田本一所谓的"智慧"有些迷惑不解，毕竟马拉松比赛是一项非常考验体力和耐力的运动。

10年后，这个谜终于被解开了，山田本一在自传中说："起初比赛时，我总是把目标定在40多公里外的终点线上，结果跑到十几公里时我就疲惫不堪了，因为我被前面那段遥远的路程给吓倒了。"后来，我把比赛目标进行了细化。每次比赛之前，我都要乘车把比赛的线路仔细地看一遍，并把沿途比较醒目的标志画下来，比如第一个标志是银行;第二个标志是黄色的房子；第三个标志是一棵大树……这样一直画到赛程终点。比赛开始后，我就以百米的速度奋力地向第一个目标冲去，抵达目标后我又以同样的速度向第二个目标冲去。就这样，40多千米的赛程，被我分解成这么几个小目标轻松地跑完了……"

第一个标志，第二个标志，第三个标志……事实就是这样，把一个大目标分为若干个小目标，再努力一点点完成自己的小目标，完成一个小目标之后再激励自己完成下一个小目标，就不愁完成不了大目标……正是通过这样的方法，山田本一获得了世界冠军。

美国著名作家赛瓦里德也说过："当我打算写一本25万字的书时，一旦确定了书的主题和框架，我便不再考虑整个写作计划有多么繁重，我想的只是下一节、下一页，甚至下一段怎么写。在六个月当中，除了一段一段开始外，我没想过其他方法，结果就水到渠成了。”

需要注意的是，帅才不仅需要干出一番业绩，而且还常常需要说服他人。例如，让代理商、客户等人心甘情愿地与自己合作；给手下安排任务时，让手下不会因为任务太难办而犹豫或拒绝。这时候，利用抽象思维心理进行化整为零最合适不过了。

举一个身边的例子，营销手机时，你可以这样形容手机的价格，如“原价 2 800 元的智能手机，现价仅仅是 1600 元，额外赠送价值 100 元的原装锂电池、200 元的蓝牙耳机，再加送价值 300 元的存储卡。相当于仅仅需要付出 1000 元，你就可以轻松地拥有这部高科技的手机……”

怎么看都是物超所值的，不知不觉就被说服了。

这里还有一个成功事例，你不妨借鉴。

1968 年某天，罗伯·舒乐博士产生了一个大想法，他要在加州用玻璃建造一座水晶大教堂。他向著名的建筑设计师菲利普表达了自己的构思，菲利普经过一番研究，最终敲定建造教堂需要的预算是 700 万美元。这个数字不但超出了舒乐博士的承受能力，甚至也超出了他的想象范围，而当菲利普得知舒乐博士一毛钱都没有时，他对舒乐博士说：“这简直就是天方夜谭，你根本办不到的。”

舒乐博士笑着摇摇头，他在一张白纸上写下了自己实现目标的奇特计划：

1.找 1 笔 700 万美元的捐款；

2.找 7 笔 100 万美元的捐款；

3.找 14 笔 50 万美元的捐款；

……

9.找 700 笔 1 万美元的捐款；

10.卖出教堂 1 万扇窗户的署名权，每扇 700 美元。

在神奇的化整为零下，舒乐博士的宏伟目标显得越来越容易实现了，舒乐博士最后决定采用第十个计划，毕竟 700 美元对于很多人来说是可以承受的。结果，舒乐博士历时一年多就筹集到了足够的款项，让这个水晶大教堂得以实现，并成为了加州的一大胜景。

不是每个人都要建造一座水晶大教堂，但是每个人都渴望成功。当你想成为帅才，却感觉难以实现时，那么就像山田本一这样，像罗伯·舒乐博士这样，善用你的抽象思维，化整为零吧。拥有这样的思维方式，相信每个人都会创造奇迹的！

2. 善用形象思维进行创新

我们必须运用想象力，这种思维推动了我们的创意过程，起到了画龙点睛的功效。

——美国通用汽车公司副总裁　罗伯特·卢茨

大多数将才是绝对的逻辑思维，由因及果的分析推理。但对于帅才来说，工作不能单靠理性的思维，还必须善用形象思维进行推理。“形象”这一概念，总是和感受、体验关联在一起。形象思维，又称为右脑思维，最主要的特点就是感觉和想象。

感性思维是比理性思维更高级的思维形式。对于这种说法，多数人或许会持反对意见，因为心理学理论大都认为理性思维是比感性思维更高级的阶段。毕竟，感性思维是依赖于具体的思维，只有当其身心发展到一定水平后，才能逐步掌握抽象、理性的逻辑思维。

但只要我们深入思考，就不难发现，对于一个企业而言，更多地让偏重左脑思维的人来主宰自己的命运并不完全是好事。毕竟决定商业成败的，并非只是数据和逻辑。而且，过于依赖逻辑推理，既显得没有热情，又令人难以理解，是很难取得成果的。

试想，如果一个人只是具备能简化为说明书的一系列规则的技能，对某个领域进行深入研究并想要达到艺术的境界时，如创新与创造，就不知道该怎么做了，得听别人的指令，这和电脑有什么区别？“感性”不能被“理性”取代，正如人脑不可能被电脑取代。

感性往往高于理性，你是帅才吗？你渴望成为帅才吗？这就要求你培养感性的右脑，去平衡理性的左脑，善用形象思维进行创造。运用感性思维，打破以往的束缚和传统，这可能是所有希望在市场竞争中最终制胜的帅才们的一个必不可少的修炼。

20世纪50年代，由于日本经济的飞速发展，日本人的生活习惯也发生了很大的变化，卧室的布置开始西洋化，使得传统的紫色棉被陷入了滞销。面对积压如山的紫色棉被，一家棉被厂的老板感到一筹莫展。不过，他是一位很爱动脑筋的人，经过苦思冥想之后，他想出了一个好主意。

这位老板找到了一位非常著名的川越史专家，说想要请教一个古老的传奇故事，希望史专家最好将这故事详细地讲出来，他说：“你知道吗？在德川时代，川越有位孝顺的儿子送了一套紫色的棉被给他病弱的父母，他那病弱的父母一睡在儿子赠送的棉被里，竟然没过多久就奇迹般地恢复了健康。这件事被当时的川越城主知道后，赏了他500两银子。”接着，他问道：“我想知道，紫色棉被真的是一种身体健康、延年益寿的祝福吗?”

其实，这个故事是老板自己编造的，川越史专家并没有听说过，不过他了解到很早以前只有身份高贵的人才能使用紫色棉被，便如实告之。结果，故事中所蕴含的美好祝愿很快传播了出去，人们都开始议论起这个紫色棉被的传说。没过多久，这位老板生产的紫色棉被也因此畅销起来，渐渐地紫色棉被居然变成了一种社会时尚品。

如何将积压成堆的紫色棉被推销出去？这时候大搞营销活动作用肯定不大，不过故事中的这位老板却聪明地运用了形象思维，编了一个美好的小故事。人们在知晓这个故事所蕴含的美好祝愿以后，自然对紫色棉被倍加青睐，进而纷纷前来采购。

由此可见，形象思维是一种不受时间、空间限制，可以发挥很大的主观能动性，借助想象、联想甚至幻想、虚构来达到创造新形象的思维过程，它具有浪漫色彩，并因此极不同于以理性判断、推理为基础的逻辑思维，这也就导致了将与帅的不同之处。

一般来说，想象是形象思维的较高级阶段，也是最为常见的思维方式。那些有作为的成功者，之所以有许多的创新、创举，正是因为他们的想象力很丰富，善用形象思维。而只要能让脑子动起来，努力地去深思，艺术的创造性便可以得到发挥。

美国通用汽车公司从工业时代到信息时代一直都是很好的榜样，它声称自己从事汽车艺术商业。带领通用汽车一路前进的，不是头戴贝雷帽的艺术家，而是老顽童式的、水手出身的罗伯特·卢茨，他于1926年被通用公司董事长斯隆看中，成为通用公司造型设计师，之后又晋升为副总裁。

在那个年代，市面上行驶的车型具有普遍棱角分明和高高的箱子般的外形，但罗伯特·卢茨却不喜欢那些“规矩”的车型，他从不画车型素描图，却总是寻找新颖的感觉，并将“时尚”概念赋予汽车设计中。1927年，凯迪拉克车型问世，它有着圆润的线条、锥形的尾部和修长低矮的轮廓，立刻被认为是艺术家而非工程师设计的经典汽车。他还开创了战后汽车设计中的高尾鳍风格，这对汽车设计的影响力非常大。

不仅如此，罗伯特·卢茨还善于给自己的汽车赋予“生机”，不同品牌有独到而贴切的主张。例如，别克——“心静、思远，志在千里”；雪佛兰——“未来，为我而来”；凯迪拉克——“敢为天下先”。不可否认，消费者对上海通用的追捧，很大程度上在于从情感上首先被其打动，这样的共鸣甚至已经超越产品本身对于消费者的吸引。

正是罗伯特·卢茨的存在，通用汽车能长期占据着世界产销量第一的位置，后来罗伯特·卢茨被提拔为生产研发的副总裁。说起自己的成功秘诀，罗伯特·卢茨道：“更多地使用右脑……我认为我们做的是一种艺术商业，汽车是具有艺术性、娱乐性的，我们必须运用想象力，这种思维推动了我们的创意过程，起到了画龙点睛的功效。”

看，这就是想象的魅力，形象思维的妙处。

不过，形象思维不是说有就有的，而是一个需要日益积累、日渐深化的功夫。为此，你必须通过各类感觉器官获取大量具体翔实的形象资料，然后有目的地对感性形象进行规定，去伪存真，由表及里，筛选出合目的性的形象素材，然后再灵活运用。

3. 重大决定也可以来自某个瞬间的灵感

有时候，灵感比数据更可信。

——星巴克创办人 霍华德·舒尔茨

做事情必须要理性，分析再分析吗？对于将才来说或许是这样，但对于帅才来说却有些太“循规蹈矩”了。很多时候，帅才的成功来自某个瞬间的灵感。灵感是什么？灵感是一种思维活动，它不同于逻辑思维，而是一种突然出现的富有创造力的念头或设想。

灵感几乎不需要投入经济成本，而灵感本身却是很有价值的。

我们身边的例子不是很多吗？

她是一位单身妈妈，是一个连喝杯咖啡都要盘算的穷教师，生活穷困潦倒。但她却喜欢奇思妙想，早年她结识的一位朋友和一个十分富有的家族是好朋友，这个显赫的家族每年夏季都要在自己家举办大Party。有一次，这位朋友带上她前去参加聚会。这是一个古老而神秘的城堡，她喜欢极了。突然一个想法产生了——写一个关于城堡的故事。

故事怎么写，她又没有思路。直到一次，在曼彻斯特前往伦敦的火车旅途中，她看到了一个小巫师打扮的小男孩。于是，她的主人公诞生了——一个11岁小男孩，瘦小的个子，黑色乱蓬蓬的头发，明亮的绿色眼睛，戴着圆形眼镜，前额上有一道细长、闪电状的伤疤……对，这就是风靡全球的魔幻人物哈利·波特，她就是乔安妮·凯瑟琳·罗琳。

乔安妮·凯瑟琳·罗琳成功了，她在一夜之间从贫穷的单身妈妈跻身为国际畅销书作家，这一切就源自她的灵感，写作灵感给了她创造力和想象力。由此可见，灵感虽然只是一瞬间在脑海中闪现的想法，但很有可能会变成成功契机，令命运大不一样。

问题是，灵感很美妙，同时也很吝啬，它很随机、很偶然，稍纵即逝。一旦我们没有认真对待它，或者不把它当回事，它就会消失得无影无踪。可惜的是，大多数普通人都把自己的灵感白白丢弃了，结果不知多少可能成为帅才的机会就这样错过了。

例如，当苹果砸在牛顿的头上时，牛顿突然产生了一个疑问："为什么苹果会落地，而不是向上或者横着飞起来？"结果他发现了万有引力定律。这肯定不是第一只落地的苹果，千百年来被苹果砸到的不止牛顿一个人，但大多数人的做法呢？吃了或扔了。

你是幸运的帅才，还是不幸的普通人？

灵感青睐有脑子的人，所以别羡慕帅才的好运气，一定要努力抓住它才是！怎么抓呢？德国著名的哲学家黑格尔曾经这样说过"灵感需要多看多问多想"，这句话看似简单，但做到却是相当困难，因为现实生活中我们很多人会被那些所谓的正确答案禁锢。

对于此，帅才的做法是培养自己的发散思维。所谓灵感，事实上说白了就是一种发散思维，或称"多向思维"、"辐射思维"，也就是说从某一个点出发，任意向各处发散，就像车轮的辐条一样，这样就可使思维变得更加丰富、灵活，令灵感忽至。

胸腔叩诊和听诊器的发明就是一个利用发散思维而进行创造的结果。

300 多年前，一位奥地利医生接诊了一个胸部疼痛的病人。病人显得很痛苦，但当时既没有听诊器，也没有 X 光射线技术，医生没有办法确认病人到底哪病了，结果这个病人不治身亡了。后来医生将尸体解剖了，发现死者的胸腔内已经发炎化脓了，而且胸腔内有很多积液。这位医生非常自责，决心要研究判断胸腔积液的方法，但久思不得其解。一天，他看到卖酒的父亲正在用手指敲酒桶，来估计桶里面酒的容量。医生突发奇想，人的胸腔不是和酒桶有相似之处吗？既然敲酒桶可以判断桶里面的容量，那么，如果人的胸腔内积了水，敲起来的声音也一定和正常人不一样。此后，这个医生给病人检查胸部时就用手敲，诊断胸腔是否患病，这就是“叩诊法”。

后来，“叩诊法”得到了进一步的发展。

1861 年的某天，法国医生雷克遇到了难题，一位心脏有病的贵妇人来看病，若用“叩诊法”的话，恐怕会对对方带来不悦，怎么办呢？正在为难之际，他忽然想起了一个游戏，在一根圆木的一头拍打，另一头用耳朵贴近圆木就能听到声音，而且还很清晰。于是，他请人拿来一张纸，把纸紧紧卷成一个圆筒，一端放在那妇人的心脏部位，另一端贴在自己的耳朵上，果然听到病人的心律声。后来他把卷纸改成了小圆木，再改成现在的橡皮管，另一头改进为贴在患者胸部能产生共鸣的小盒，就成了现在的听诊器。

敲酒桶判断桶内酒的多少，在一根圆木的两端传声，这些都是日常生活中常见的，但无论是 300 多年前的那位医生，还是法国医生雷克，他们没有视而不见，而是采用了发散思维看到了不同事物之间的相似处，也从这些看起来不相关的事物上获得了灵感。

在思考的前提下，不忽略任何看起来不大相关的事物，只要你敢发现事物之间的联系，你就能够挖掘出更多相关的灵感，有效快速地解决各个方面的问题。将你的思维无限发散吧，做一个有灵感的人，在未来的发展中领先于人，成为一马当先的帅才。

为此，你可以随身携带一个笔记本，保持随手记录灵感的习惯。一个新的念头或者设想出现时，无论大小，即便是只言片语，只要有新意，就马上记录下来，且毫无遗漏。记录本身就是一个发散思维的过程，过程中也许就会产生更科学、更完整的灵感。

第五章

将帅之才的亲和力

亲和力是一种人格魅力，它可以产生巨大的凝聚力，
转化为强大的影响力和行动力。
将帅的力量，不是建立在部下敬畏、恐惧的基础上，
而是建立在部下信服、主动追随的基础上。
具体来说，将才的做法不怒自威，不摆架子，重视实力，仗义执言；
帅才则会让他人感受关爱，善于换位思考，
又往往以德服人，以身作则。

将才修炼

1. 不怒自威的距离感

每个管理者都是一座孤岛，可以与其他岛相通，但不能与其他岛相连，连起来的岛就丧失了独立性，容易受各色人等左右。

——佚名

将才不是靠职权管理，而要靠威信管理。

威信，是一种使人甘愿接受对方影响的心理因素，也就是让别人心甘情愿地照着你的意思行事。那么，一个人该如何培养自己的威信？让下属产生敬畏感、服从感呢？最明智的方法就是与下属保持一定的距离，给人一种威严的感觉，不怒自威。

孔子曰："临之以庄，则敬。"就是说用庄重严肃的态度来对待别人，留给别人一个庄严的形象，他们对待你也会恭敬起来。事实上，一个优秀的将才总是能把握好与下属之间的距离，进而塑造自身的威信，令下属给予自己更多的认可、信任与遵从。

夏尔·戴高乐是法国著名的军事家，"自由法国"的第一任总统，他跟下属们一直保持着良好的情感交往，但他不是盲目地“温情脉脉”，而是很有距离感的。他有一个著名的座右铭就是“保持一定的距离”，这也深刻地影响了他和顾问、智囊及参谋们的关系。

在十多年的法国总统岁月里，戴高乐的秘书处、办公厅和私人参谋部等顾问和智囊机构，没有什么人的工作年限超过两年以上。他对新上任的办公厅主任总是这样说：“我使用你两年。正如人们不能以参谋部的工作作为自己的职业，你也不能把办公厅主任作为自己的职业。”

不光这样，在业余时间私密的家庭生活中，戴高乐从不邀请管理人员到家做客，也从不接受他们的邀请。不过，他与这些人是等距离的，没有亲疏远近之分。当这些人犯了错或是找他办事，他一律秉公处理。戴高乐这种良好距离感的把握，使得下属们都认为他是一个合格的领导人，所以他的威望非常高。在他任职期间，真正做到了令行禁止。

夏尔·戴高乐将军与下属保持距离的努力，使自己在下属面前树立了一个比较超然的、公正的形象，因而，他的领导力丝毫没有减弱，还增添了自身的威望，最终不仅真正做到了令行禁止，还杜绝了那些以权谋私的行为，很值得我们每一个人借鉴。

不怒自威，是领导的艺术之道，是将才的成功之道。

遗憾的是，有些领导在对待下属的时候距离感把握得不好，总认为距离近一点有助于和谐彼此关系，可以更好地开展管理工作。殊不知，这样将难以在管理工作中保持公平和理性。

陈涛很有年轻人的热情和干劲，颇有销售天赋的他将工作做得有声有色。在某公司工作了五年之后，他凭借优秀的工作表现，被提升为市场部经理。

昔日朝夕相处的同事们一下子变成了自己的下属，为不让同事们说自己升了官就摆架子，所以陈涛还和以前一样，经常和大家聊天、开玩笑，下班后也会聚在一起喝茶饮酒、卡拉OK。

陈涛本以为距离近一点有助于和谐彼此关系，可以更好地开展管理工作。但很快，他发现自己丝毫不能发挥经理应有的职权。他给大家布置的工作任务，他们很少及时完成，总是拖拖拉拉，而且大错小错不间断。陈涛明里暗里地提醒过他们很多次，但根本不奏效。不仅如此，在公司里，他们从来都是直呼陈涛的名字，让陈涛很没面子。

一个下属找陈涛，说自己早上要送孩子上学，不能准时上班，希望陈涛通融一下，让自己可以晚点上班。陈涛碍于情面，答应了下来。结果，好几个下属都开始迟到、早退。陈涛不知如何是好，结果顶头上司放话了，"你的管理有漏洞，我要将职位让给有管理能力的人。"

作为领导，亲近下属本身并没有错，但一定要把握距离，如果与下属有过于亲密的私人交往，彼此没有距离感和空间感，就很难产生个人的权威性，如此也就很难有效地领导别人，也就难以为将了。事例中陈涛的遭遇就足以为我们敲响警钟。

那么，如何把握好与下级的距离呢？

有一个讲人际关系的"刺猬"法则：两只刺猬，由于寒冷而拥抱在一起。可各自身上都长着刺，刺得对方不舒服。于是它们离开一段距离，但又冷得受不了，于是又凑到一起。几经折腾，两只刺猬终于找到了一个合适的距离，既互相获得对方的温暖又不会被对方刺痛。

这个法则用在领导和下级之间的关系上同样适用，有一古话是"疏者密之，密者疏之"，与下属保持一种不远不近的关系，这样既不会让你显得高高在上，无法施加影响力，也不会使你与下属互相混淆身份；既可以约束领导者自己，也可以约束下属。

这是一种最佳的亲和力，对所有人都是通用的。

2. 不摆架子，让下属主动靠近你

大师都是没有架子的，只有半桶水的人才会摆架子。其实，摆架子是最愚蠢的做法，一下子就把自己跟人群隔离开来。

——佚名

你有“架子”吗？尤其是春风得意的时候。“架子”代表一种高高在上的优越感，一种高人一筹的自信。有人认为，将才是出类拔萃的人才，比其他人相对要成功一些，职位一般也比别人高，摆摆架子无可厚非。殊不知，这会严重破坏你的亲和力。

“我们主管老是自命不凡，不把人放在眼里。自以为有多大的本事啊，凭什么瞧不起人?”

……

在现实生活中，我们经常会听到类似上面这样的议论。

可见，“架子”虽可以显示一个人的地位和权势，但你若是过分以自我为中心、无视他人的存在，别人未必会因此而尊敬你，反而会对你敬而远之，结果是与众人渐行渐远。当你成为孤家寡人，工作无法开展的时候，就为时晚矣，后悔莫及了。

要成为一名将才，首先不能有架子，说白了就是不可把身份太当一回事，要学会放低身段，树立自己的“亲民”形象。在工作中，放低身段，与众人平等相处，彼此之间情感就会递进一层，人际关系就会变得融洽，之后，就是事业开展的便利与顺畅。

在三国争霸中，刘备的军事能力和政务能力都不敢恭维。说到出身，他只拥有一个牵强的皇室血缘背景，但他却造就了事业和人生的辉煌。为什么？重要的一点就是他不摆架子，平易近人，赢得了众人的尊重和信赖，进而使自己团队拥有了无往而不利的气势。

在早期为官时，刘备就很懂得平等待人，即使不是身为士人的普通百姓，他也会与对方同席而坐，同簋而食，不会有所拣择。特别是驻守荆州时，他还经常亲自慰问士兵，关注百姓的疾苦。结果，曹军大举进犯荆州致刘备逃亡时，荆州士民扶老携幼，拖儿带女，纷纷出城追随刘备。在赤壁交战之前，刘备在新野失守后被曹操穷追猛赶，最后被杀的只剩下几十人马，就是在这样的情况下，刘备的所有将领没有一个归降曹操的。这是人心向背的一大标志，是刘备深得人心的如山铁证。

刘备是“桃园结义”三兄弟中的老大，但他从不以老大自居，始终与关羽、张飞二人平等相处。而关张二人不仅为他们共同的事业舍生忘死，立下累累战功，还留下了关云长挂印封金，千里走单骑找到兄长，张飞横矛长坂桥，喝退曹兵护卫兄长等动人的情感故事。后来，刘备听闻诸葛亮是经天纬地之才，更是亲自“三顾茅庐”邀请诸葛亮“出山”。在请到诸葛亮后，刘备从来没对他摆过一丝一毫的主公架子，而且常常对人说：“我得孔明，就好像如鱼得水。”对此，诸葛亮也是感激涕零，从而引出了后来七擒孟获、六出祁山的一出出好戏。

通过这些例子，可以看出刘备是一个有好人缘的将才，这里讲的人缘好就是说刘备有很强的亲和力以及凝聚力，这成为他夺取天下最有利的武器。如果你也希望自己成就一番大事的话，一定不要摆架子，放下你的架子，激励下属效劳于你。

事实上，将才绝对不是靠着自己的高职位来压人的，也不是依仗手握的权力来管人，更不是靠摆架子吓唬人的，而是凭借自身的亲和力去吸引下属，让下属主动向自己靠过来，发自内心地服从自己的领导，这也是将才所应该具备的独特的个人魅力。

一天，一位美国阔太太到巴黎旅游。在埃菲尔铁塔下散步时，她发现了一个园丁。他工作那么熟练，那样勤恳，他身后的花园如此整齐而美丽，而且他还不时地朝经过的路人微笑致意，这样的画面温馨极了。阔太太心想，“这个法国老头真是百里挑一的好园丁，在美国恐怕出很高的价钱也难以找到，今天既然碰到了，不如让他为我也造一个如此美丽的花园”。

阔太太走上前，询问那个园丁是否愿意去美国做她的园丁，并承诺愿意给他高出法国工资三倍的价格。为了说服老头，她又把美国吹嘘了一番，说外地人去了都能发财。明白了阔太太的来意后，老头非常礼貌地回答：“夫人，感谢您的好意，但真不凑巧，我还有别的职务，不能离开巴黎。”

阔太太忙说：“你统统辞掉吧！这些，我都会给你补偿的。你除了园丁，还兼职什么工作啊？是送牛奶还是报纸?”

老头微笑着说：“都不是，我希望下次选举时人们不要投我的票，也许我就可以接受您的美差了!”

“选你做什么啊?”阔太太感到很疑惑。

老头解释："我叫安里，我这个园丁兼职法国总统。"

不摆领导的架子，是一种高尚的低调。

安里，堂堂的一国总统，不过他从来没有把自己当成什么了不起的大人物，他仅仅只把自己作为一个园丁来看待，也能平和地对待每一个人。看完故事，所有人都会不禁对他倍感亲切，正是这种亲和力，使他能够赢取人民的尊重被选举为国家总统。

一个人无论取得了多大的成功，不管名有多显、位有多高、钱有多丰，都不要摆架子，而要为人和善，平等待人。相信，如果你能以这样的方式去对待周围的人，那么你一定会被大家所认可，大家也会积极支持你的工作，帮助你走上晋升将才之路。

3. 越有实力越有魅力

信心来自于实力，实力来自于勤奋。

——民间格言

在一片茂密的森林里，生存着许多动物，勇猛的老虎是这个动物王国的大王。有一次，老虎因事出远门，便将森林里的大小事务交给了相士狐狸。老虎走后，狐狸感觉自己是大王了，它揣摩威风凛凛的老虎的心理，模仿它的神态和举止，提高嗓门，尽量让自己显得威严、庄重。没过多久，这只聪明的狐狸还真的把老虎的一切模仿得惟妙惟肖，原来和它一起玩耍的伙伴，似乎对它也十分敬重了，狐狸的威严逐渐稳固了。

可这种威严的日子，没过几天就结束了。原来，王国里一头野驴把一只小松鼠给欺负了。小松鼠打不过野驴，只好跑到狐狸面前哭诉，希望狐狸给自己做主。可当野驴怒目圆睁、气势汹汹地走过来时，狐狸吓得瑟瑟发抖，全然没有了以前神气的神态和举止，最后小松鼠快快地回家了，其他的动物则对狐狸的做法感到很失望。

很快，老虎办完事情打道回府了，狐狸把大王的位子还了回去，并把野驴欺负小松鼠的事情告诉了老虎。老虎一声长啸，把野驴叫来严厉地批评了一通，并让野驴向小松鼠道了歉，其他的动物都拍手叫好。后来，很多动物都疏远了狐狸，狐狸痛苦地说："你们为什么就不能像敬重老虎一样敬重我呢？我也是做过大王的啊。"

"可惜你没有老虎的实力，没有力量来保护我们。"小松鼠答道。

看看狐狸吧，它根本就没有保护其他动物的本领和实力，怎么能够像老虎那样享受其他动物的敬重呢？将这则寓言中的道理运用到我们的生活中，就可以明白这样一个道理：人们不可能拥戴一个软弱的上级，一个人越有实力，就越能够折服他人。

所谓"实力"是指有才华、有能力，在工作中表现出色，取得比别人更好的成绩。这就是以实力服人，用超群的实力带动人。在任何场合，唯能力者为英雄，人必须靠本事、凭能力来立足。为将者与普通人的本质差别，就是高能者与低能者的差别。

无论做什么事，只有具备实力的人才能有所作为。

韩剧《大长今》中的徐长今是一个民女，为了继承母亲的遗愿入宫当御膳房小宫女。“入宫”考试，考官刻意刁难，长今仗着自己博闻强记顺利通过，成为见习宫女；膳食考试中，原料中最重要的面粉被别人偷走，偏她想出一招“李鬼冒李逵”，用白菜叶代替面粉，做成包裹馅料的外皮；去疫区，居然只有她能发现“瘟疫”背后的真相只是食物中毒；皇上昏迷，别人束手无策，长今敢冒大不韪偷看皇帝的过往病史，最后拿针往他眼皮上扎……

长今的成功与其扎实的知识功底关系密切，她从小熟读各类书籍并能充分吸收其中的营养，在烹饪、医术方面皆成为专家级人物，知识的广度和深度均为常人所不及，业务水平超一流。用她自己的话说：“施行医术的人，仅仅有爱心是不够的，还必须有坚强的实力！”就这样，长今获得了御膳房各人、宫中上下，以及皇太后、皇后、皇上的认可和喜爱，她从宫女到官婢，从官婢到医女，从医女到最高尚宫，不仅成为了皇上的专用御医，而且可以指挥宫中所有的医官，最终名垂青史。

徐长今能出人头地，自然有她的过人之处。这种过人之处，说白了就是一种实力。这也启迪我们：靠人缘、靠关系也许能风光一时，但却是脆弱的、经不起考验的。有实力什么都好谈，也会有人和你谈，因为实力可以转化为强大的说服力、影响力和号召力。

古人说：“公生明，廉生威。”说的就是，如果领导自身本领过硬，以身作则，办事公道，就会敢于说话，敢于管理，且下属最终也会服气。

什么是实力？也就是，做销售的销售能力一定要强，这样就能卖出产品；做人力资源的要能慧眼识千里马，并能协调公司员工之间的关系，这样就能招聘与维系优质的人才；做技术开发的头脑要聪明，肯钻研，这样就能开发出更先进、更科学的技术……

你想成为将才吗？想获得众人喜爱吗？用实力来证明你自己！

知识再多，能力再强，技术再高，但最终干不出实绩，在同行业老是坐红椅子，群众还是不会买你的账，不会听你的话，只有把成绩实实在在地摆在那儿才有说服力。一个才干超群的为将者，能够使人产生一种依赖感和安全感，于是你就有了亲和力。

有一个女人年轻的时候并不以漂亮著称，到了老年却以优雅闻名于世。她的名字叫安妮·罗宾森，英国版《一笔勾消》的主持人。因为——实力就是吸引力，对于男人如此，对于女人亦如是。

在节目中，安妮·罗宾森永远是一袭黑衣加冷硬的面孔，对参赛者极尽刻薄挖苦冷嘲热讽之能事，让所有参赛者都闻之丧胆，人送江湖绰号“恶魔”。然而就是这么一个女魔头，却被认为是最有魅力的女人。

据了解，安妮·罗宾森有着非常聪明的经商头脑，她无所畏惧地行走于商界，比任何一个男人都要精明能干，她的公司业绩屡攀新高。在最新公布的英国富豪排行榜，连个人资产高达3000万英镑（约4.3亿人民币）的凯瑟琳·泽塔·琼斯，都不得不排在她身后。

你渴望成为将才，愿望却迟迟不得实现，你实在是不应该花费太多的时间和眼泪在抱怨、郁闷等不值得费工夫的事情上，而是应该认真地想一想，如果自己是一个实力派的人，结果会怎么样呢？

如果暂时没有足够的实力，那么你最好踏踏实实地慢慢积攒实力。做将才就必须要一步一个脚印，扎扎实实提高自己，只有实力强大了，你的影响力才能够强大起来，亲和力也就有了。所以，从现在开始扎扎实实打基础，稳稳健健地培养你的实力吧!

4. 敢于承担责任，做有情义的领导

人非圣贤，孰能无过？在别人犯错时，给其改正的机会和时间，实在是明智之举。

——佚名

一个企业里，任何一个员工都难免会犯错。如果你是领导，你会如何做呢？

下属工作出现失误，影响了工作进程，大多数领导会选择指责，让下属自己去扛起来。但是，下属会怎么想呢？大抵是委屈、不平、愤怒等，这是很容易引起冲突的。就算对方闷在心里，可这样下去很容易产生逆反心理，接下来的管理工作就更难了。

在职场中混迹的人，犯错当属正常的事。或许只需犯一两次错，便会失去许多为自己赢得升迁的机会。正是由于这个原因，很多员工在工作的时候有一种战战兢兢、如履薄冰的心理状态。

一个智慧的将才，英明的领导，在下属出错时要拔刀相助，给下属一个宽松的工作环境。

我们先来看一个历史上的相关事例。

汉朝时期，一个匈奴首领有意投降汉朝，就派使者前来汉朝说明来意。当时执政的汉明帝甚为欢喜，就给尚书仆射钟离意下达命令，让他准备一些绢绸赏给前来的使者。钟离意奉命照办，他在征得汉明帝的意见后，拟定好

了赏赐绢绸的数量，接着交给手下一个很得力的郎官去办理。可是，那个郎官心里却开了小差，他想："既然人家有意降服于大汉，那我们应该多赏赐一点，那样方能显示出我们大汉天子的诚意和仁爱之心。"想到这里，郎官就擅自做主，多给了匈奴人一些绢绸。

这件事很快被汉明帝得知了，汉明帝非但没有因此而夸赞这个郎官，反而大发雷霆，下令要对那个自作主张的郎官用酷刑。这时候，钟离意匆匆来觐见皇上，叩头请罪说："郎官的做法虽然有不当之处，但这件事本该由我负责，郎官的任务是我委派的，现在出了问题，论罪过也该全由我一人承担。"说完，钟离意就脱下了衣服准备接受惩罚。

见此情景，汉明帝深为感叹：钟离意这般的敢作敢当，对自己手下人爱护有加，实乃好头领啊！想到此，汉明帝心中怨气消了大半，不仅宽恕了钟离意，也饶恕了那位郎官。那位擅做主张的郎官在受到钟离意如此的袒护后，以后做事加倍小心，再没有出过纰漏。

钟离意显然是一个英明之人，在下属遭遇困境时，他没有不闻不问或者推个干净，他想不赢得人心恐怕都难了。

在关键时刻敢于承担责任，这样的领导是一个让下属感觉到安全和信赖的人，这将有助于同下属之间形成相互信任、相互支持、配合默契的关系，使下属放下思想包袱，敢于放开手脚开展工作，与自己进退一致，为团队的发展建设形成良好的氛围。

美国著名的管理顾问史蒂文·布朗有一句话："管理者如果想发挥管理效能，必须得勇于承担责任。"事实上，即使领导想完全撇开责任，也是行不通的。你的下属犯错，也就等于是你犯错，起码你犯了用人不当或监督不力的错误，这本身就是一种不称职。

2011 年，有两架客机在无人帮助的情况被迫降落在距离白宫只有几英里远的里根国家机场。据报道，导致这一事故的原因是一位空管员在夜班期间竟然昏头大睡。有媒体披露，在西雅图的一个主要机场，一名空管员在早班期间被多次发现处于睡眠状态。这时候，美国联邦航空局局长兰迪·巴比特发表了一份声明："在过去几周期间，我们看到部分人的不称职行为。他们的行为令公众对我们保证旅客出行安全的能力表示怀疑。"之后，兰迪·巴比特立即开除了涉及事故的几个空管员。

随后，兰迪·巴比特又采取了一系列保证航空安全的措施，包括发展价值 400 亿美元的导航系统，改革 FAA 体制，鼓励空管员主动上报过失等。但是这些措施的效果并不十分理想，全美航空安全事件那几年来呈上升之势。这是为什么呢？原来，兰迪·巴比特只考虑到了开除员工，却没有想到这些人是否有足够的休息时间，这一行为大大打击了员工们的工作积极性。结果，兰迪·巴比特因为下属屡次失职而辞职。

虽然兰迪·巴比特的辞职不完全是因为下属的失职，但他因此承担了连带责任却是毋庸置疑的。你想成为大将吗？你想成为好领导吗？那么，一定要记住，出了问题不是逃避就是将责任推给别人，是为将者的大忌。

帅才修炼

1. 对员工关爱有加，亲和力无处不在

自始至终把人放在第一位，尊重员工是成功的关键。

——IBM 创始人　托马斯·沃森

人与人之间之所以距离远，是因为心远；之所以距离近，是因为心近。

帅才们深谙这一道理，所以他们很少运用职位权力，更多地是在非权力性影响力上下功夫，将对员工的管理定位于感情管理上。也就是，进行一定的人性化管理，关心员工的工作、生活和成长，无微不至，亲和力无处不在，把温暖送到员工的心坎上。

员工也是人，不是机器，他们的心灵需要得到关怀和慰藉。几乎所有的员工都喜欢人情味的领导，因为这样的领导能给他们带来精神上的满足。薪酬、待遇等可以说是硬性物质条件，而人情味却是软性的，在“柔性”管理之下，员工会如沐春风，意兴盎然。

一则管理寓言，颇有意味。

狂风和微风都觉得自己比对方厉害，后来它们想出了一个论成败的办法：看谁能把行人身上的大衣吹掉。狂风首先来了一股刺骨的冷风，吹得行人瑟瑟发抖，于是大衣裹得更紧了；微风则徐徐吹动，行人觉得温暖而惬意，继而脱掉了大衣。最终，微风获得了胜利。

由此及彼，如果领导与员工只是上下级关系，只讲薪酬，没有人情味，那么在这种刺骨的冷风下员工只会把“大衣裹得更紧”。在他们看来，薪酬也只是自己应得的回报，公司对待自己与对待机器和原材料没有什么本质的差别，如此就没有工作热情而言。

例如，一个员工因生病请了一个多星期的假，待他恢复健康来单位上班时，身为领导的你对他的到来却毫无反应，毫不关心，没有一句问候的话。那么，恐怕员工就会视你为“冷血动物”了，就会对你敬而远之了，你的影响力就会减弱，甚至变成负的。

帅才的亲和力，不是用规则，而是用情感。对于被关爱的一方，自然会体会到这份真诚，去努力承担工作的职责，并去顾及工作的各个环节。

世界知名的东芝公司，在成立将近百年的时候因第二次世界大战曾一度陷入困境。在这危急的时刻，土光敏夫出任董事长，上任后他在公司内部开始整顿，其一是推行适才适所的用人路线，使员工的智能有施展的舞台。虽然身为大公司的董事长，但土光敏夫经常不带秘书，步行穿梭在工厂与办公室之间，观察员工们的实际工作，评估员工工作环境是否安全、舒适并提出建议和报告。从而，他与员工建立了深厚的感情。

有一次，公司要在户外举行一场会议，不巧却遇上倾盆大雨。工作人员给了土光敏夫一把伞，但他却坚持不用，站在雨中和员工们讲话，激励大家，并且反复地讲述“人最宝贵”的道理。讲完话后，土光敏夫的身上早已湿透了。员工们很是感动，他们把土光敏夫围住，一名员工紧紧握着土光敏夫的手，嘱咐着：“当心别感冒，要保重好身体。您如此善待我们，您放心吧，我们一定要拼命地工作！”而对这一切，让土光敏夫也很感动，他更加想到了自己的职责，也更加关爱自己的员工们。

土光敏夫这种慈祥关怀的亲和力，赢得了公司上上下下所有员工的好感。最终，仅仅用了两年时间，把一个亏损严重、日暮途穷的“东芝”公司重新支撑起来，并最终成为了日本最优秀的公司之一。

综观土光敏夫成功的原因，归功于他坚持了“以人为本”，处处对员工实施关爱。无论是给员工施展个人能力的舞台，还是深入员工的工作中去指导、去保护，还是大雨中的讲话，这些行为真诚温暖，动之以情，想不感动人、不激励人也难。

成功的帅才就是这样，善于对员工进行感情方面的投资，打造自己的亲和力，进而增强自己的影响力。不要以为薪酬高，待遇好，你怎么对待员工都可以。毕竟物质无法代替感情，下属们也不仅仅是为了金钱而工作的，每个人都有渴望被重视、被关心的需要。

不过，关爱员工并不是要你做轰轰烈烈的事，也完全不需要大张旗鼓，从工作、生活中的各种小事做起就完全可以。一句话，尽己所能，想员工所想，急员工所急，为员工的工作和生活提供方便，增强他们的幸福感。

在美国，当别的经理都在忙于同工人对立、同工会斗法时，美国 SAS 软件研究所的 CEO 吉姆·古德奈特却探求出一条新的道路。他为自己的下属们在公司建筑物里建造了一座淋浴设施，供他们上班时间使用；还开办了内部食堂，提供营养丰盛的热饭热菜。在公司园区大同小异的20幢建筑里也均有厨房，这里免费提供午餐和特色小吃；在办公区专门为员工设立了一个77000平方英尺的包括按摩室、午休室、K歌厅和游泳池等的娱乐健身中心以及其他许多业余休闲项目，供下属们娱乐。

不仅如此，在平时的工作中，吉姆·古德奈特还针对不同人群的实际情况，实行错时就餐制度，让不同工作性质分批次就餐；根据实际情况对需要接孩子上下班的女职工专门调整作息时间……

别的领导们对吉姆的做法大惑不解，甚至嘲笑说这是多余的，但吉姆却说，所有这些投资都会取得收益的，事实也证明了他的话。SAS公司员工的平均在职工作时间是10年，有300名员工至少工作了25年，这在当代算是一个奇迹。而且，SAS公司年年入选《财富》杂志评选的“最愿意为之工作的企业”。对此，吉姆·古德奈特自豪地说，“在SAS工作是个非常甜蜜的职业，我知道员工们不会离开我的。”

像这样体贴员工的小事还有很多很多,正是这些点滴小事，体现了美国SAS软件研究所以及的CEO吉姆·古德奈特对员工们的温情关爱。把一个个细节固化成规章，形成常态，就成了人性化管理，这样的管理势必会赢得人心，为自己赢得好印象的。

你想成为帅才吗?

如果你的答案是肯定的，那么现在就从小事和琐事做起，真诚主动地关爱你的员工，一个关切的举动、几句动情的话语，看似再平常不过，你将更容易获得员工的信赖和支持，你的大小工作都将事半功倍。

2. 有颗“同理心”，培养亲和力

没有同理心，就不可能知道什么是成功，什么是领导力。

——佚名

你有“同理心”吗？如有，那么恭喜你。在帅才的成长过程中，“同理心”扮演着相当重要的角色。

什么是同理心呢？同理心是一个心理学概念，是指在人际交往过程中，体会他人的情绪和想法、理解他人的立场和感受，并站在他人的角度思考和处理问题。这就是我们经常提到的善解人意、设身处地、将心比心的做法，这往往可以快速对下属产生亲和力。

这一点很容易理解，每个人的成长背景、受教育程度、所处环境以及心境不同，对同一事物的认知也不尽相同。在团队中，帅才和下属所处的位置更是不同，必然会导致双方在观念、做法上的分歧，如果这一状况一直得不到改善，工作是很难顺利完成的。

有这样一个寓言故事。

一个书生前往京城赶考，走在路上时，他发现有一只乌鸦跟着自己飞了好一段时间。书生停下了脚步，这时乌鸦停在他肩上，开口说道：“书生，我是一个被施了魔法的人。你能拔我一根羽毛吗？帮我变回人，我会唱好听的歌给你听。”书生没说话，将乌鸦放入口袋，然后继续向前走。见此，乌鸦赶忙说道："我会陪你聊天，怎么样？"书生将乌鸦拿在手中，看了一下，又放回口袋继续走；过一会儿，乌鸦又说："这样吧，我给你做美味的饭菜，给你缝制衣服或打扫房间。"书生摇摇头，继续前行。

"你这书生怎么这么贪得无厌？我都答应为你做那么多的事情了，还不够吗？"乌鸦又急又恼地说。书生将乌鸦拿出来，笑着说道："我是一个穷困的书生，正在全心准备考试，每天都忙着读书，根本不需要有人陪我、照顾我。我之所以将你带在身边，是因为你是一只会说话的鸟，我可以把你卖一个好价钱，我就有足够的盘缠了。"

乌鸦认为只要自己能唱好听的歌、做美味的饭菜等，书生就会帮助自己解除身上的魔法，但书生的需求根本不是这些，而是赶考的盘缠，所以不被说服。同样，为帅者如果不了解下属的需求，自作聪明地用自己的认知、喜好投射给下属，下属是不会被说服的。

过分强调个人的感受，不能顾及别人的感受，这是很多问题的根源。

这就需要为帅者有"同理心"，通过换位思考，你可以充分了解下属的价值观、人生观以及思考问题的方式，从而消除彼此间的隔阂，达成共识。

在决定是否接受你的信息前，人们会首先决定是否接受你这个人。如果你使员工相信你的世界观与他们基本相同，那么人们不但会觉得你有同理心，而且会产生共同的感触，他们会相信你。因此，如果你希望人们同意并认同你，那么首先要认同对方。

也就是说，人一旦具备了同理心，在一定范围下跳出原有的思维模式，把自己放在对方的处境思考，也就是站到一个新的角度和立场上去认识、思考和分析问题，就更容易获得他人的认可和信任，从而成就自己。

马超是一家公司的项目主管，他的工作能力很强，人际关系也很好，下属们都喜欢和他谈心。其他部门的主管都很羡慕他："马主管，你可真行，下属都爱和你聊天。我们的下属看见我们就跟耗子见了猫似的，赶紧躲得远远的。你给他们吃了什么迷魂药了，让他们那么喜欢你?"马超笑了笑，说道："我的迷魂药就是心药。""心药?"大家很迷惑。马超说道："就是将心比心。"接着他讲了一件事情。

那是马超刚刚毕业的时候，他进入一家公司做设计工作。刚开始，主管就安排他拿着自己设计的图纸去见客户。他所拜见的几个客户都是业内的高级设计师，虽然这些客户从来没有拒绝见他，但也从来没有认可他设计的这些图纸。经过多次的失败后，马超觉得一定是自己的方法有问题，所以，他决定利用每天睡前的一个小时去学习一些与人交际的知识。后来，他从一本书中发现了这样一句话："换位思考，将心比心，可以快速解决难题。"他如梦初醒。

第二天，他就带着新设计图再次拜访那些客户，这些图纸都是没有完全完工的，他对那些设计师说："我想请您指点我一下，这里有几张尚未设计完成的图样，请您告诉我，如何把它们完成，才能符合您的要求?"这些设计师一言不发地看了一下图纸，然后提出了几点建议。马超认真地记下了他们的话，然后把图纸带回公司，按照设计师的建议认真完成，最终让他们很满意。

马超说道："我原来一直想要让他们买我画出来的图纸，这是不对的。后来他们提供建议，他们就成了设计人，结果就都认可了这些草图。这就是换位思考、将心比心的力量，现在，部门无论遇到什么问题，我都会先站在员工的角度考虑问题，然后再下结论。员工觉得我很理解他们，不是一个独断专行的冷血主管，自然就愿意和我亲近。"其他同事听后，若有所思地点点头。

在和客户打交道的过程中，马超谙熟将心比心在相处中的重要性和必要性，他经常对下属进行换位思考，理解下属的想法，采纳下属的建议，这使他减少了出错的概率，优化了管理水平，也让他成了一个深得下属们喜欢的领导，增强了整个团队的凝聚力。

所以，无论在工作中出现什么问题，只要坚持设身处地、将心比心，尽量了解并重视下属的想法，把自己放在对方的处境中思考，这样下属就能感受到你的“同理心”，也就更愿意服从你的领导，你也就能比较容易地找到解决问题的方法，终成大帅。

但有一点需要注意，换位思考只宜律己，不宜律他。为帅者只能要求自己换位思考，站在下属的立场上思考问题，而不能要求下级对你换位思考。如果你总是要求下属换位思考，久而久之，下属就会产生抵触心理，不但影响你的亲和力，还可能招来唾骂。

3. 以德服人

> 以力服人者，非心服也，力不瞻也；以德服人者，心悦诚服也。
>
> ——古代思想家　孟子

“德”对于任何一个人来讲都很重要，帅才更会坚持以德服人，用德去感化人。“德”就是一个人的道德修养，品质、品格和操守。这是基于权力之外的人格魅力，是能让下属和众人敬佩、信服的一种感召力，也是帅才可以受用终身的宝贵财富。

有些人可能对“德”不以为然，甚至不屑一顾，而是更注重技巧、权谋和手段，殊不知这样的人即使再专业、再有才干，也会被众多单位拒之门外——事实上，哪怕是一个“才高八斗”的人，倘若轻视道德的自我修养和塑造，也绝对成不了真正的“人才”。

例如，元末农民起义领袖之一陈友谅的失败就是典型。

风起云涌的元末乱世，渔民出身的陈友谅较早地举起了反元义旗，并且始终如一，没有接受统治阶级任何形式的招安，他凭着自己非凡的军事天才，为推翻腐朽的元朝统治立下了不朽的功勋。并且，于1360年建立了大汉政权，成为威震八方的强人。当时，陈友谅拥有最强大的军队、最厉害的武器、最庞大的战船，实力比朱元璋要大得多、强得多，但最后他还是败给了朱元璋，将江山拱手相送，为什么会这样呢？

这就涉及了陈友谅的道德了，他虽然叱咤风云，道德却不好，背信弃义，卖友求荣，不择手段，不计后果。如，倪文俊赏识他，提拔了他，但他为了表现“忠心”，将倪文俊的头颅献给了徐寿辉；为了夺得军权，他杀死了为他两肋插刀的大将赵普胜；给他机会，甚至答应让他当皇帝的徐寿辉，同样死在他的刀下，因为他想快点当上皇帝……这些都是给他事业无尽帮助的人，尚且如此，其他死于其手的更是不计其数。士兵们知道了这些事情后，再也不愿意为这位“英雄”卖命，因为说不定哪天自己就会成为其不可利用后的弃卒，结果在与朱元璋的鄱阳湖决战中，战事稍有不顺就立即出现了人心涣散、临阵倒戈的事情，最终陈友谅兵败，郁郁而终。

陈友谅是一代枭雄，更是一个时代的悲剧，他的悲哀就在于他的道德不好。人性中最基本的感恩、宽容、信义，他没有；生活里的亲人、同事、朋友，有，但关系很扭曲；事业上，他只有权术、暴力和杀戮，没有仁爱和清明，只有利用和索取。他的冷血无情，他的寡情负义，最终的结局就是失去民心，失去天下，失去一切。

将才是以才服人，帅才是以德服人。哪一个更高明呢？古人曾云："以力服人者，非心服也，力不赡也；以德服人者，心悦诚服也。"由此可见，以德服人比以才服人更是大能、更是大智慧，更易产生强大的感召力，赢得更多的信任和尊重。

以力服人只能使人慑服，而以德服人则使人心服。一位受下属拥戴的帅才，其品格往往能赢得下属发自内心的赞赏，他所管理的团队也会有较强的向心力和凝聚力。以德服人，自古以来是帅才赢得人心的高明手段，三国时期的诸葛亮就是运用此"收服"了孟获这位大将。

三国时期，孟获是当时南中地区的大姓豪强，深为当地土著和汉人所信服，一段时间曾带兵反抗蜀兵。诸葛亮一打听，知道孟获不但打仗骁勇，而且在南中地区各族群众中很有威望，便决心把孟获争取过来。他下了一道命令，只许活捉孟获，不能伤害他。

第一次交锋，诸葛亮运用计谋将孟获活捉。孟获心想，这回一定没有活路了。没想到进了大营，诸葛亮立刻叫人给他松了绑，好言好语劝说他归降。但是孟获不服气，说："我自己不小心，中了你的计，怎么能叫人心服？"诸葛亮也不勉强，陪着孟获一起骑着马在大营外兜了一圈，看看蜀军的营垒和阵容。

孟获傲慢地说："以前我没弄清楚你们的虚实，所以败了。现在我知道你们的阵势了，要打赢你们也不难。”诸葛亮爽朗地笑了起来，说：“既然这样，您就回去好好准备一下再打吧。”孟获被释放以后，逃回自己部落，重整旗鼓，又一次进攻蜀军。但他哪里是诸葛亮的对手，第二次又乖乖地被活捉了。诸葛亮劝他，见孟获还是不服，又放了他。

就这样又放又捉，一次又一次，诸葛亮一直把孟获捉了七次。到了孟获第七次被捉的时候，诸葛亮还要再放。孟获却不愿意走了：“丞相，现在我打心底里敬服您，从今以后，我不敢再反了。”遂归顺蜀汉。

诸葛亮之所以能够成功地“收服”孟获，在于他以高尚的品德七放孟获。通过这些行为，孟获见识了诸葛亮的谦逊、气度以及对下属的关怀，其身上表现出的领导魅力和感召力，让孟获敬仰和信服。

员工往往对领导者的能力表示钦佩，进而服从，但更多的时候是为领导者的道德品质所感动，进而产生无条件的服从和信赖。因此，你要想成为一名将才，成为优秀的将才，就必须注重自身道德的培养，一定要做个崇高的人，用自己的道德来吸引别人。

那么，如何来界定好的道德呢？首先应该具有忠诚、敬业、诚实、节俭、富有责任心等传统的优良道德；其次对待工作要积极、热情、勤奋，具有团队精神等职业道德；最好还要具备淡泊的心境，浩然的正气，这样成功也就离你不远了。

4. 号召力源于言传身教

以身作则，上行下效，榜样的力量无穷。

——德国企业界名言

一个优秀的帅才不是以下达命令的方式管理员工的，而是在工作中以身作则。以身作则，简单来说，就是以自己的行动作为榜样，为员工起到表率作用。毫无疑问，这是一种有效的亲和力，可以拉近与下属的距离，振臂一呼，下属就应者云集。

试想，帅才是一个组织者的代表、带头者，是众多员工信赖、依靠的一个。如果帅才自己做不到却教导别人，说一套做一套，结果会怎样呢？这一切就没有什么可信度了，当员工不相信你了，又怎会听你的教导呢?！可见，言传身教是很有必要的。

俗话说“己所不欲，勿施于人”，意思是说自己不想要的东西，自己不想做的事情，切勿强加给别人。因此，如果你想当一个帅才，想做一个优秀的领导，就要少一些口头教化，多一些实际行动，言传身教，刚正垂范，给员工们提供一个可以效仿的标准。

汉末魏初杰出的政治家曹操，在执政40余年间，建立了占天下三分之二的魏国势力版图，并实现了富国强兵的梦想。他的成功是个人才能的体现，也源自他的治军智慧。他在治军方面深得将士尊重，因为他深谙以身作则之道，凡事正人先正己。

建安四年，曹操准备联合刘备讨伐吕布。百姓听说曹军路过，都逃得没有踪迹。曹操就下令，军队走过正处成熟的麦田时，谁敢践踏，不论官职大小，一律杀头。百姓得知后，都返回家园跪迎曹操的队伍。这天，曹操策马正走，麦田里的一只斑鸠突然飞出，马受了惊吓窜进麦田。曹操就让行军主管治他践踏麦田的罪过。主管说："丞相岂能治罪？"曹操道："我制法自犯，如何服众。"说完拔剑要刎。众人苦苦哀求，若斩了主将，大军就无法统帅。曹操沉思一会儿，就用剑割下一绺头发，代替人头，并传令各部将士。这是曹操以身作则不扰民的典型事例，事情虽然最后以割发代首结束，但却可看出曹操率先守法，严于律己的风范，而这一行为，使三军将士无不小心慬慎，严守军令。

军队在战场上总是保护军官级人物，统帅能不参战就不参战，以确保生命的安全。曹操一生征战多年，常常亲自领兵上阵，在指挥作战时他也会站在最前面，不避箭矢，不避斧钺，与群雄厮杀。为此，他曾经被吴蜀的兵卒所擒，被射中过肩膊，还被马超追杀得"割须弃袍"，但下一次发生战事时，他依然会戎装上阵。他的身先士卒的表率作用，激励了全军将士莫不死战，最终削平了群雄，统一了北方，建立了霸业。

曹操的言传身教不光在军队适用，在任何一个组织中都是完全适用的。领导一个团队要有能力，最重要的能力是影响他人。影响他人有各种方法，唯一的方法是给别人最好的体验。让别人有最好体验的是什么？就是言传身教，做一个表率的领导者。

对此，美国大器晚成的女企业家玛丽·凯非常注重企业组织中经理的榜样作用，她认为，"经理作为一个部门的负责人，其行为受到整个工作部门员工的关注。人们往往模仿经理的工作习惯和修养，甚至可以说是如法炮制，而不管其工作习惯和修养是好还是坏。”

由此可见，在工作当中，帅才要做到“正人先正己”，即要求下属去做的事情，必须首先自己做到，以身作则，这具有强大的感染力和影响力，是一种无声的命令，定能调动员工的积极性，使工作卓有成效，而且这也是帅才自我进步的便捷之道。

言传身教并不是难事，它体现在工作中的每一个小节里。为此，你不妨时常拿以下这些问题问问自己：“我希望自己的团队如何对待工作呢？那么我自己做到了吗？”“我希望员工对客户说话正确得体，可是我说话时是否达到了同样的标准呢？”……

作为一位将才，你想要什么样的员工，首先自己就要先成为那样的人。

有这样一家公司，它的一个生产部门工作效率总是非常低，不能达到理想的效果。为此，总部有针对性地采取了一系列的改革措施，比如改进生产技术，加强监督，但都没有起到理想的效果，最后公司决策层经过考虑，决定更换部门主管，看能不能有所改善。这位新上任的主管到达工作岗位上后，并没有急于大举开展提产的改革措施，而是进行了一系列的调查。在走访的过程中，他发现这个部门员工的工作积极性都非常低，各个生产环节之中，员工普遍欠缺责任意识，常常敷衍了事。

对情况有基本了解之后，这位主管开始自己的改革。他首先宣布，自己要到生产一线从事工作，要和大家站在一条线上为改善部门业绩而努力。这一消息引起大家强烈反响，因为这是以前主管从来没有做过的事情。在实践的过程中，他工作积极努力，每天提早半小时上班，员工们很是感动，一位员工直言道：“和他在一起一分钟，你就能感受到他浑身散发出来的光和热，他有一种强大的威严和魅力，深深吸引着我，激励我努力工作。”结果，仅仅用了三个月的时间，整个部门生产状况获得好转。

言传身教就是把“按我说的做”改为“照我说的做”。

言传身教之所以如此有效，就是因为这是一种真诚的亲和力，可产生共同的体验，这会使员工有更强烈的认同感、责任感和归属感。所以，与其与下属共进午餐，不如当下属晚上在组织加班时，你也加入他们之中，如此必能加强同甘共苦的意识。

永远记住，你是员工的效仿标准。

第六章

将帅之才的沟通力

顺畅地沟通，这是很重要的，在一个团队里更是如此。
因为良好的沟通，从小处说可以避免公司人员之间交往中的误解和误会，
从大处说它关系到一个组织的生存和发展。
一个合格的将帅型人才必是沟通的高手，
通过各种方法让更多的人认识自己、了解自己，
以便得到同事和下属的支持与配合，从而更加有效地开展工作。

将才修炼

1. 言简意赅，恰当表达观点

说话不要太满，做人也不要太武断。

——佚名

语言是沟通的工具，但使用不当也会成为无意中伤害感情的利刃。

《三国演义》中的蜀国大将张飞家喻户晓，妇孺皆知，他性格豪爽，重情重义，作战英勇，深受人们喜欢。可就是这样一位“万人敌”的猛将，最后却死在了自己的手下手中，不能不令人扼腕长叹。俗话说“种瓜得瓜，种豆得豆”，张飞之死并非偶然。

张飞是杀猪卖酒出身，性格耿直，一旦他对某人看不顺眼，就口无遮拦，有话直说。吕布在兖州战败于曹操，投奔徐州时，刘备接纳了他。后来，刘备出去打仗，把留守徐州的任务交给张飞，张飞看不惯吕布那种朝秦暮楚之人，便大骂吕布是“三姓家奴”。结果，吕布乘乱袭取徐州，张飞败走，弄得刘备有家难归。

更不成器的是，张飞一直自认直爽，又自恃资深元老，因而所言率直，不做忌讳，不避嫌疑，动辄对将士破口大骂，军中对他多生怨恨。当关羽兵败遇害之后，张飞下令全军三日内置办白旗白甲挂孝出征，三日内完不成就要杀人，结果激起手下将其杀害。

为将者，应该言简意赅、恰如其分地阐述自己的观点。真正擅长沟通的人，懂得用最简单的语言把意思表达到位，知晓在最短的时间内把话说到点子上，这也是一个人能否成为将才的决定性因素之一。

松下幸之助是日本著名松下电器的创始人，1951年他安排自己的一个得力秘书前往美国，准备打开松下电器在美国的市场。但开始的时候，结果很不理想。原因是，美国的工厂规模宏大、专业化分工很高效，日本与之却存在很大的差距，这让秘书有些懈怠了，想打退堂鼓。为此，松下幸之助决定亲自前往美国，和他沟通一番。

到了美国，松下幸之助没有将秘书留在办公室里大谈特谈，而是简单寒暄后，带他一起来到一家餐馆吃饭。

很快，饭菜上来了，松下幸之助吃了两口米饭便停了下来。

“怎么了，饭菜做得不好吗？”秘书问。

松下幸之助不做声，秘书便打算叫老板算账，这时候松下幸之助制止了他，说道：“不是的，我在国内就听说这里的米饭很好吃。是的，这里的米饭太香了。我们国家也是产米，吃米的。为什么还不如吃面食的美国种得好呢？难道在电器方面也是这样吗？”

秘书听到这里叹了口气，说道：“这个很难说啊。”

松下幸之助沉默地看着秘书，一分钟后才缓缓地说了一句话：“我们一定会做得很好的，我们现在要继续努力地工作，不要懈怠。”说完这句话，松下幸之助便起身离开了。

我们经常说一个人口才好，并不是指他如何会侃侃而谈，而是说他说的每句话都能起到真正作用。仅仅用了一句话，松下幸之助就将自己想说的话表达出来了，而且强劲有力，这就是沟通的艺术，语言贵精不贵多。

一位西方哲学家曾经说过：“我宁愿什么也不说，也不愿暴露自己的愚蠢！”所以，你若想成为一名将才，在与别人沟通时，绝不能只顾自己嘴巴痛快。

为此，你要记住以下几个要点。

1.抓住所要表达观点的核心。

2.言语表达有条理，分清层次。

3.正确使用词汇，表达明确。

2. 积极沟涌，才能配合无间

管理者的最基本能力：有效沟通。

——英国管理学家 L.威尔德

对于工作，有些人或许会认为，这就是简单的命令与执行，不需要什么沟通与交流，更无须啰啰唆唆，这样仅仅是浪费时间与精力。你也这样想吗？若是这样，那么你永远都成不了将才。因为，工作中假如没有了沟通，它的情形恐怕不能想象。

在沟通中，最为严重的问题是每个人都习惯想当然，认为自己明白了，别人也会明白，但事实并非如此。

先来看一个小故事。

为了发展本国文化，非洲土著人邀请了美国加利福尼亚州大学加州分校的一位教授前来授课。为了表示对土著人的尊敬，被邀请的这位教授临行前还特意到商场准备了一身行头。那天，教授西装革覆、一本正经，可是他一上讲台便直冒汗。原来，土著人为了表示对教授的欢迎，以最高礼仪接待，不论男女全都一丝不挂，凡私处只遮挡着树叶。教授很尴尬，不过很快稳定情绪，开始认真讲课，不过，看得出来那些土著很不好意思。

第二天，考虑入乡随俗，教授一丝不挂地走上讲台，只戴个项圈，私处用树叶遮挡，但他最终比第一天还感到尴尬。原来，土著人为了照顾教授的情绪，吸取头一天教训，全部西装革履，一本正经，现在只有教授一个人是光着身子站在台上，尴尬可想而知。

下课后，土著人纷纷向教授道歉，教授也觉得非常不好意思，双方做了沟通。

第三天，教授穿着西装走上讲台，他看到在场的土著人也都穿着西装，坐得笔直。这次，教授没再冒汗，土著人也很高兴。

教授和土著人的目的都是好的，都是考虑对对方的尊重，但最终的结果显然是十分尴尬的，因为缺少了必要的沟通，完全与自己设想的初衷相互违背。通过两次无为的波折，他们才认识到了沟通的重要，大家相互体谅之后，工作也得以顺利开展。

工作中，你是否遭遇过相同的情形？因为缺乏沟通能力，不能很好地与同事、下属进行沟通，结果陷入到自己的设想之中，以致自己的好主意、好建议以及才华、能力得不到别人的理解和重视，甚至因此而产生了误解，造成工作的拖延甚至失败。

美国加利福尼亚某研究机构通过一项大范围的调查研究，发现："职场中，来自管理层的信息只有20%~30%被下属知道并予以正确理解，而从下到上反馈的信息不超过10%被知道和被正确理解。"这也从另一个层面反映出交流的重要性和必要性。

沟通对每一个人来讲都很重要，对一个带领士兵打江山的将才来讲更是如此。可以肯定地说，能否建立一个关系融洽，激情和干劲十足的团队，很大程度上取决于管理者是否善于与下属沟通交流。

所以，你若是将才的话，就要与下属经常进行沟通。通过沟通，你可以获取更多信息、智慧乃至信任，熟知下属的想法和情绪，这可以支持你做出更有利的决策，命令也会因为下属的理解而更好地执行，进而避免不必要的麻烦，实现你所想要的结果。

阿尔卡特公司的业务遍及全球130多个国家，2002年与中国通信业开始了长期的合作，并合并建立了一个新企业，56岁的狄加被任命为总裁。不巧的是，适逢全球通信行业的大萧条，电信运营商缩减的风潮涉及全球，该企业的业务发展一度受阻，还遭遇了成立以来的第一次大规模人事动荡——先后800多名员工因此离职。

该企业之所以如此"弱不禁风"，不光是受全球经济的影响，还因为合并之前，原企业是一个典型的国有企业，而阿尔卡特是一个成熟的跨国公司，无论从哪个角度看，这两种风格的企业文化都格格不入。

狄加上任后的第一个措施就是在公司内部建立一个畅通无阻的交流平台，为做到这一点，狄加积极鼓励管理层充分参与交流，还规定公司管理层应定期与不同级别的员工进行面对面交流，事前安排的见面不得因任何理由更改。此外，每季度他还会举行一次不设定主题的“总裁在线交流会”，公司的6000多名员工可以在此一起畅所欲言，讨论公司的现在和未来，还可以提出有关公司和狄加个人的任何问题。

为了消弭文化及管理方式上的差异，狄加还不断与阿尔卡特全球决策层进行着沟通交流，“有时候他们会说我太啰唆了，但是我需要让他们明白，中国是一个多么重要的市场。”狄加说。在他极力斡旋下，该企业不但被纳入阿尔卡特全球采购体系，还成为了其全球产品研发与生产之间的采购接口，后来还创造了成立以来的最好历史纪录——营业额年增长率达到20%，公司现金流达到50亿元人民币。

无论是出于工作需要，还是为了融洽人际关系，为将者都应该对沟通加以重视。一个出色的将才必是沟通的高手，能让自己和下属彼此认识，并获得对方的支持和配合，从而更加有效地开展工作，这也是卓越沟通能力的最好证明。

日本“经营之神”松下幸之助有句名言：“企业管理过去是沟通，现在是沟通，未来还是沟通。”为将者的工作离不开沟通，一个优秀的将才决不能忽略了沟通，而是要积极地沟通，主动地沟通，更要善于沟通，不要怕啰唆。接下来，怎么做，看你的了。

3. 倾听不同的声音

不善于倾听不同的声音，是管理者最大的疏忽。

——美国女企业家　玛丽·凯

俗话说“林子大了，什么鸟都有”，工作中谁都难免会碰到一些自己不喜欢的人，可能是他爱说大话等言行举止让你看不惯；可能他是无事生非、嫉贤妒能之人，很难相处；也有可能你们两人曾经发生过一些矛盾。和这些人应该怎样沟通呢?

对此，不同的人有不同的处理方法，不过将才的做法往往是不予理睬，只和喜欢的人沟通。这种做法是无可厚非的，有一句古话是“道不同不相为谋”，又或者说“燕鹊安知鸿鹄之志”，都是指意见、理想或志趣不同的人是很难共事的，不能勉强。

这时候，沉默是最合适的。不要和人争辩，争辩只会降低你的威严。

在路易十四的朝廷里，贵族和大臣们日夜不停地为国家的事情争吵，他们的立场多是站在自己所在的阶级，维护自身利益的，所以意见总是不同，不断地争辩。最后，他们会选出论辩的代表去晋见路易十四，然后把争论的议题和各方的意见详细地上报。路易十四的立场是站在国家的，是以国家利益为主的，与这些大臣们有所不同。当代表们上报意见时，路易十四只是静静地听着，完了说一句：“我会考虑的。”然后就离开了。

此后，大臣们再也不会从路易十四口中听到关于这个议题的任何话语。几个星期后，他们只能看到路易十四自己做出决定以及采取行动的结果，路易十四根本不会再费事去征询他们的意见。沉默寡言后来成为路易十四的一种超强的沟通力，他一沉默，没有人能明了他的立场，或预测他的反应，于是内心不知所措，不自觉地任他摆布。

话不投机半句多，没有话说就沉默。看，这不是一种消极的逃避，也是一种超好的沟通力。正如《谈话的艺术》的作者古德曼所说："沉默在谈话中的作用，就相当于零在数学中的作用。尽管是'零'，却很关键。没有沉默，一切交流都无法进行。"

但请注意，沟通只局限于自己喜欢的人，很可能导致一个人的影响力受限。

在思考这一问题之前，我们不妨先做一个游戏。

现在要选举一名领袖，你这一票很关键，下面是这三位候选人的情况。

候选人 A：跟一些不诚实的政客有往来，而且会咨询占星学家，他有婚外情，是一个老烟枪，每天喝 8~10 杯的马丁尼。

候选人 B：他过去有两次被解雇的记录，睡觉睡到中午才起来，大学时吸过鸦片，而且每天傍晚会喝一大杯威士忌。

候选人 C：他机智勇敢，英俊潇洒，慷慨大方，热心公益。他爱笑，不抽烟，在他周围，总是活跃着一群朋友。

请问，你会在这三个候选人中选择谁？

相信你会和大多数人一样选 C。理由很简单，候选人 A 跟不诚实的政客往来、有婚外情，又是烟鬼、酒鬼，这些表明他的私生活混乱；候选人 B 两次被解雇，爱睡懒觉，很有可能说明他能力不足；而候选人 C 身上所具备的那些品质，无疑都是优秀的。

但当你知道，候选人A、B、C其实分别是富兰克林·罗斯福、温斯顿·丘吉尔和意大利最著名的强盗罗宾汉时，你是不是张大了嘴巴？反思自己的选择，你会发现：原来自己不喜欢的未必就不好，事情并非简单的非黑即白，人物也不是单纯的非好即坏。

现在回到起点，对待不喜欢的人，你该怎么去沟通？

以宽广的心胸去沟通吧，一个人性格和态度的形成，往往跟他生活的环境、所受的教育、经历和遭遇等有关。对此，我们不能求全责备，而应该宽容以待。孔子曰："君子和而不同，小人同而不和。"与每个人都能和谐地沟通，这将更有利于你的成功。

4. 该批评时要批评

批评，让人成长。

——铁名

当下属没有达到你规定的任务或者做了错事，你会如何批评呢？

将才的做法往往是直接批评。

有些人会认为，批评意见让人听着不那么舒服，于是常常不敢批评，不愿批评，不能批评，变成了"话到嘴边留半句"的谦谦君子，结果呢？正义得不到伸张，正气树不起来，这就不是正常的批评了，这种人根本就驾驭不了局面，也不可能成为将者。

但有时候批评也是一种帮助，这正是老生常谈的一句话："良药苦口利于病，忠言逆耳利于行。”

春秋战国时期，耕柱是一代宗师墨子的得意门生，是大家公认的最优秀的人。不过，耕柱却常常遭到墨子的批评和责骂。对此，耕柱常常觉得自己很委屈，也很没有面子。渐渐地，他对老师墨子心生不满，也没有以前尊敬了。

有一次，墨子又责备了耕柱。

耕柱忍无可忍，愤愤不平地问墨子：“老师，难道在这么多学生当中，我是如此的差劲吗，以至于要时常遭您老人家责骂?”

墨子听后，毫不动肝火，而是温和地说：“假设我现在要上太行山，依你看，我应该要用良马来拉车，还是用老牛来拖车?”

耕柱不解地回答说：“老师，怎么问这样的问题？再笨的人也知道要用良马来拉车。”

墨子又问：“那么，你认为我为什么不应该用老牛呢?”

耕柱回答说：“理由非常简单，因为良马足以担负重任，值得驱遣。”

墨子说：“你答得一点也没有错。我之所以时常责骂你，也是因为你能够担负重任，值得我一再地教导与匡正你。”

耕柱恍然大悟……

批评的最终目的不是要把对方压垮，而是帮其成长；不是去伤害他的感情，而是帮其把工作做得更好。将才不能当老好人，对错误绝不能听之任之，装看不见，而应该提出批评。

吃过正宗麻辣火锅的人都会有这样的体验：吃时面红耳赤、额头冒汗，过后开窍通络、全身畅快。其实严肃的批评和吃火锅有相似之处：被批评时脸红心跳、如坐针毡，但改正错误后神清气爽、如沐春风。这种沟通方式，它的作用比赞美还要伟大。

在实际生活中，对于部属的失败，一定要追究失败的原因，促使他本人反省，有所警戒。不过，批评是一门艺术，只有做好了下面几点，才能成功地实现批评人、教育人的目的，有效沟通，成为人人敬仰的将才。

第一，不要当众批评。

在批评下属时，一定要分清时间和场合，一般不要当众批评。如果你不分场合，有很多人在场，你也直言不讳，这样会令下属感觉丢了面子，很难认识到自己的错误，或许还会误以为你是有意让他出丑，甚至在心里责怨你，这也是沟通失败的表现。

任何具有上进心的人都不愿犯错误，所以，对于一些无意的过失，只要对方认识到错了，就没有必要当众进行批评，面对面地跟他谈，就足以使他反省了。选择单独的场合，你的独立的办公室、安静的会议室，或者楼下的咖啡馆都是不错的选择。

第二，批评应有是非标准。

批评应有是非标准应就事论事。切忌无事生非，不明事实，这样才能保证批评的准确性，才会让受罚人口服心服，也会让众人引以为戒。否则，后面几点就做不下去了，而会沦为一场争吵。

在部队中，后备军和正规军之间，最大不同的地方就是头发的长短，正规军必须要留利索的短发，后备军人则认为他们是老百姓，因此非常痛恨把他们的头发剪短。哈雷·凯塞是陆军第542分校的士官长，当他带领一群后备军官时，他要求自己解决这个问题，他向他的部队吼道："后备军也是正规的军队，对你们，我要提出严厉的批评。"

后备军们开始窃窃私语，有人埋怨凯塞士官长是专门找他们茬儿的，有人讥讽凯塞士官长的批评不讲情面。凯塞士官长沉默了一会儿，说：“各位先生们，什么情面？我从不讲情面，军规大于天！你们该了解军队对理发的规定，你们都是领导者，你们必须为尊重你们的人做一个榜样。我现在也要去理发，而它却比某些人的头发要短得多了。”

后备军们安静了一点，凯塞士官长环顾四周，继续说道：“工作是工作，感情归感情。如果我们每个人都不把自己的头发剪短，经常一副披头散发的模样，这还有什么打仗的精神劲儿呢？要被别人笑掉大牙的！你们可以对着镜子看看，是不是需要理发了？你们要做一个榜样，做一个合格的军人的话，我会帮你们安排时间到理发部理发。”

凯塞士官长的一席话，后备军们不说话了，纷纷报名要求剪发……

第三，批评要直接干脆。

有某些人总是犯同样的错误，或者代表一类人的错误，这时的惩罚要选准时机，下定决心便要出手利落，坚决果断。

帅才修炼

1. 以柔克刚，良药也能不苦口

真正的强者常善于以柔克刚，此可谓真智慧！

——佚名

沟通，几乎是领导者天天在做的事情，但善于沟通，能清楚表达自己的意图，使别人乐意接受，却是一件不太容易的事情。

有一句格言："一滴蜜汁比一加仑的胆汁更能吸引苍蝇。"这句格言就启示我们，如果你想把一个人说服，就要学会硬话软说。所谓"硬话"是居高临下的斥责、声色俱厉的禁止；而"软话"则是从尊重人的角度出发，使人感到受到尊重，心情舒畅。

说话以硬碰硬，这种沟通方法会把对方置于被教育地位，使人觉得失却了尊重，因而往往效果不佳。

魏征是历史上有名的谏臣，有一次他在朝廷上与唐太宗争得面红耳赤。

"总有一天，我非杀了他不可！"唐太宗回到后宫后愤愤地说。

“谁?”长孙皇后连忙问道。

“当然是魏征!他总是当着众臣的面和我理论,实在是让我难堪!”

长孙皇后听后立即退了下去,过了一会儿,她换了一身上朝的礼服,走到太宗面前叩拜道贺。

“你这是什么意思?”唐太宗疑惑地问。

“我听说,只有明君之下才会有忠直的臣子,”长孙皇后认真地说,“现在魏征敢于直言进谏,是因为陛下贤明之故,我怎能不庆贺呢?”

唐太宗听后转怒为喜,决定重用魏征。

魏征是著名的忠臣,但他与唐太宗说话时总是以硬碰硬,结果引来了唐太宗的厌恶。长孙皇后则不同,她知道气头上硬为魏征求情没用,便从另一个角度出发,讲述了魏征敢于进言,是由于皇上有明君之怀。这种以柔克刚的劝谏,及时说服了唐太宗,也挽救了魏征的性命。

以硬碰硬和以柔克刚,哪个效果好显而易见。

纵观历史,我们不难发现,帅才都会运用以柔克刚的沟通方式来说服他人。

春秋时期,秦国派出三百辆兵车,准备偷偷袭击郑国。进入滑国地界(在今河南省)时,这个消息被郑国人弦高知道了。弦高是个牛贩子,他做买卖时碰见一个从秦国回来的老乡,那老乡说起秦国发兵来打郑国。这时要向郑国报告已经来不及,弦高知道,自己如果硬来也挡不住秦国大军,怎么办呢?他急中生智,冒充郑国使臣来犒劳秦军。

弦高带着四张熟牛皮作礼物,又赶了十二头牛,故作恭敬地对秦军大将孟明视说:“我们的国君听到将军要到敝国来,赶快派我先送您四张熟牛皮,十二头肥牛来。这一点小意思不能算是犒劳,不过给将士们吃一顿罢了,还请将军能够不嫌弃，收下。”

得知郑国得知了消息，孟明视听了大吃一惊，知道有人走漏了消息，只好厚着脸皮说：“我们不是到贵国去的，你们何必这么费心!”

“真的?”弦高故意装着吃惊的样子，接着说道，“那就好，我们的国君说，敝国蒙贵国派人保护着北门，我们非常感激，很珍惜两国情分。而且，我们自个儿也格外小心谨慎，操军持兵不敢懈怠，如果有人来侵犯我们，我们也定当全力作战，将军您只管放心!”

等弦高退下后，孟明视对手下说：“郑国早知道了偷袭的事情，而且早就做好了准备，偷袭是没法成功的，我们还是回国吧。”接着连夜把人马带走了，就这样，郑国避免了一次灭亡的命运。

弦高的一番话说得颇客气，其弦外之音是：你们要偷袭郑国，但这个消息已经走漏出去了，郑国已有了准备。由于两国友好，郑国才派出使者慰劳秦军，以尽礼节。如果秦国不识相，那么只好兵刃相见了。

暖天下之至柔，驰骋天下之至坚，柔弱往往能胜刚强。所以，我们在沟通的过程中，在说服他人的过程中，首先要尊重对方的心理感受，否则你讲得再对，讲得再好，对方听不进去也是枉然。只有适应对方，让对方听进去，这样才能达成沟通的目的。

从某种意义上来讲，硬话软说对领导来说也是一种说服下属的沟通技巧。

查利斯·施瓦布是美国钢铁大王安德鲁·卡内基的助手，他是当时少数几个年薪100万美元的人之一。在施瓦布的墓志铭上，卡内基亲自题写了“一位知道如何将那些比自己聪明的人团结在身边的人”几个大字，这正是为什么卡内基付给施瓦布日薪3000多美元高薪的原因。

一天中午，施瓦布经过钢铁厂，看到几个员工正在车间里吸烟，而那块“严禁吸烟”的大招牌就在他们的头顶上，他朝那些人走过去。当员工们发现施瓦布发现了他们时，他们以为施瓦布会指着那块牌子粗暴地斥责他们，他们开始考虑，该如何为自己辩解。

然而，施瓦布走过去，不但没有责骂他们，反而友好地给每个人递上一支雪茄烟，笑着说道：“我的孩子们，有时候抽烟可以解乏，但是这里禁止吸烟，这是为了大家的安全着想。如果你们以后到外面去抽掉这些雪茄，我将十分感谢。”这几个员工红着脸低下头……

看了这个事例后你有什么感觉?

员工们当然知道自己破坏了规定，但是施瓦布先生并没有对此大加指责，他的语言中充满着温柔的感情色彩，使员工们保住了面子，受到了尊重，并在心理上感到舒适，这种语言效果是绝佳的。试想，像施瓦布这样的领导，谁还愿意和他作对，不努力去工作呢?

假设，施瓦布为此事生硬地训斥、责备，结果是什么呢?很有可能是，这几个员工满腹牢骚，口服心不服。

说服别人需要的是沟通技巧，要想成为一名帅才，你就要在说服他人的时，多使用柔和的语言，在遣词造句、声调语气上注意一下。比如，在交谈中多使用谦敬词、礼貌用语等，讲几句关心人的话，说话速度尽量缓慢一点，就能以柔克刚达到你的目的。

2. 少说多听，更能培植影响力

要做一个善于辞令的人，只有一种办法，就是学会听人家说话。

——英国设计师　莫里斯

在任何形式的交往中，倾听都是沟通中至关重要的一环。同样，倾听也是一名为帅者应该具备的重要素质。每一个成功的帅才都熟知，怎样听下属说话以及怎样让他们开启心扉谈心里话，这是帅才管理制胜的不二法门，也是提升个人魅力的方法。

然而实际中，不少管理者可以凭借自己良好的口才对着下属滔滔不绝地讲几个小时，却不愿意花一分钟时间去听下属说话，这就是典型的“闭塞耳朵”型领导，岂不知这种堵耳朵的管理方式，会打消下属的工作积极性，甚至为自己的工作设置障碍。

虹飞是一家公司客服部的员工，那天与朋友吃饭时，她气呼呼地说道：“我再也不会给经理提任何建议了，因为他根本不爱听我说话。每次我提出一个有关改善客服部服务的方案时，没等我说几句，他就会不耐烦地打断我，说只要我完成应该做的工作就行。”

朋友不解地问：“是不是你得罪过领导，所以他不爱听你说话？”

虹飞摇摇头说道：“别人跟他说话时，他也是这样的。他要是跟我们说话，就算说上一天，我们也得听着，但要是我们跟他说话，哼，他能认真听上五分钟就不错了，他总觉得自己说的是真理，我们就应该听，而我们说的就是废话，让他听就是浪费时间。”

或许你会觉得虹飞是鸡蛋里挑骨头，不去适应领导反而想让领导配合自己。但不管是站在哪个角度，我们都不得不说，虹飞的经理在沟通方面确实存在一定问题，他不善于贡献自己的耳朵，倾听下属的所思所想。这样的领导，不招致下属反感才怪呢！

历史上类似的惨剧还不少，例如商纣王。殷王朝的“中兴气象”，滋长了纣王的自信，他变得刚愎自用，美酒相伴，朝朝笙歌，听不进大臣们的任何谏言，还将进谏大臣箕子囚禁了起来，还残害自己的亲叔叔比干，结果诸侯渐有离心，百姓日益怨恨。假如商纣王能广开言路，察纳忠言，何至于落个身败名裂，葬身火海的下场？

上天给了我们两只耳朵，却只有一个嘴巴，就是要我们多听少说。沟通最为有效的方式，不是自己尽心竭力去表达，而是收敛自己的言语，学会倾听，少说多听。

对帅才而言，倾听下属的想法是非常重要的。领导能够倾听下属的声音，本身就表达了一种对他们的尊重。而且，很多时候，倾听能使你真正了解下属的想法，这样才能有针对性地采取相应措施，更好地做好下属管理的工作，避免工作上的盲目性。

美国第十六任总统亚伯拉罕·林肯出生于肯塔基州贫苦的农民家庭，他先后当过伐木工、船工、店员、邮递员，这些经历使林肯对普通人民群众有了一种深厚的感情。出任美国总统后，为了不和民众之间拉开距离，林肯始终善于倾听民众的心声。

为此，林肯在白宫外面度过的时间要比在白宫多。他常常不顾总统礼节，在内阁部长正在主持会议时走进去，悄悄地坐下来倾听会议过程；他不愿坐在白宫办公室等待阁员来见他，而是亲自前往阁员办公室，与他们共商大计。而他在白宫的办公室，门总是开着的，政府官员、商人、普通市民们等人想进来谈谈都可以，不管多忙他也要接见来访者。

众多的来访者使保卫工作非常难做，忠心执行职责的保卫人员常常会抱怨，林肯解释道："让民众知道我不怕到他们当中去，他们也不用怕来我这里，这一点是很重要的。"1863 年，他写信给印第安纳州的一个公民："在言谈中，用耳朵比嘴巴强。我一般不拒绝来见我的人。如果你来的话，我也许会见你的。告诉你，我把这种接见叫'民意浴'，因为我很少有时间去读报纸，所以用这种方法搜集民意。"

谈起自己的"民意浴"，林肯曾感慨地这样说："虽然民众意见并不是时时处处都令人愉快，但这种倾听让我获得了来自各界的声音，不仅缩短了我与人民的距离，加深了彼此的感情，而且激发了人民参与国事的主动性和积极性。总的来说，效果还是具有新意、令人鼓舞的。"

一个高明的领导应该说得少，听得多，帅才要善于做一个"听话"能手。从培养自身的交际能力、创造交流氛围开始，使下属能在轻松的气氛中畅所欲言。看得出，林肯是个优秀的帅才，他善于倾听下属的心声，为此赢得了下属的支持，使工作进展突飞猛进。

你想成为帅才吗？你善于倾听吗？不管之前怎样，从现在开始，不要仅仅简单地把自己看作一个话语权威的发布者，将沟通变成简单的命令发布，开始运用起你的耳朵吧，去倾听员工的声音，去倾听员工的所思所想，进而和员工实现有效的沟通。

当然，虽说倾听看上去是一种最省力、最不费口舌的沟通方式，但要想将它运用得当也不是一件容易的事情。换句话说，倾听也是大有门道的，如果一个人不懂得倾听的技巧，就很可能弄巧成拙，沟通失败。为此，我们总结了以下几点，供你参考。

第一，倾听要用“心”听。

从繁体的“聽”字可以看出，倾听不仅要用耳朵，还要用眼睛和心。这也就是说，倾听下属说话时，你不仅要注意听说话内容，还将自己的注意力百分之百地集中到下属身上。善于运用微笑、点头、提问题等，及时给予对方呼应。不要心不在焉，眼神游离。

请注意，由于每个人的性格不同，不同的下属在倾诉时所采取的方式也不尽相同。比如，性格内向的下属，在表述一些敏感问题时会比较委婉，不会直接说出自己的真实想法和意见。这时，你要用心观看下属的动作和表情，了解下属的真实想法。

第二，要耐着性子倾听。

当下属说话时，无论他的表达能力如何，你都应该耐心地听他说完。尤其是下属讲想法或意见时，你更要耐着性子倾听，给下属提供表达的机会，千万不要因为对方说话时间过长，就表现出厌烦的神情，急着发表意见，甚至打断对方。

每个下属都希望自己的讲话能受到领导的重视，耐心地倾听，就是在向下属表达这样一个意思：“你说的话很重要，我非常愿意倾听。”这样能够维护下属的自尊心，同时下属会更愿意将自己的真实想法说出来与你分享，进而保持沟通上的畅通。

3. 只要愿意，能与任何人进行“闲谈”

管理其实就是共享一份团队的融洽感情。

——法国企业界名言

你是如此吗？在平时的工作中，能尊重每一个员工，与他们平等地交流，关系和谐融洽。

现实中，很多管理者习惯将自己的工作区域局限在办公室，殊不知这样员工可能因为工作能力而敬仰你，但是很难在生活中亲近你，无形中，这就减少了你与员工接触与沟通的机会，彼此之间缺乏了解和信任，你的工作就会缺少应有的支持。

一个制造企业聘请了一位管理专长，但在技术方面却并不是很擅长的人担任厂长。因此，厂里员工对新厂长不服气，认为他并不了解业务，对于他所提出的新的管理方案也不配合，甚至在生活中都不与他接近，尤其是两位资深的主管，对新厂长十分不服气。面对这一情况，新厂长非常担忧，经过深思熟虑后他想出了一个应对策略。

以后下班后，新厂长经常会带一些小礼物到两位主管家里拜访，和他们及家人谈天说地，也会谈论工作上的一些事情。两个月后，两位主管也开始时时到新厂长家里拜访、喝茶、聊天，也会报告一些厂里员工的情况，并对一些问题发表自己的看法，渐渐地新厂长对厂里的情况越来越了解了。半年后，新厂长和两位主管几乎成为了无话不谈的朋友，取得了很多工作上的共识。

接下来，在上下班的时候，新厂长会在厂子里四处走动，看见谁都会主动热情招呼，“马主任，听说你女儿功课特棒，她的脑袋一定跟你一样聪明。”“王秘书，我看见过你老公在门口等你，他真是体贴呢，而且又高又帅!”……中午时，新厂长还经常和大伙一起用餐，有说有笑。没过多久，这位新厂长就不“新”了，大家最终接纳了他，在执行他新制定的管理规程的时候，也没有那么多怨气了。

一个不会与员工沟通，不会与员工打成一片的管理者，是永远得不到员工的真心认可的，也无法形成自己在队伍中的影响力。不能形成影响力，也就不可能成为帅才了。那么，该如何做呢？如何得到员工的认可呢？相信上面的故事，一定会给你非常好的提示。

可以说，这位新厂长是一个非常聪明的帅才，当员工们对他的工作能力产生质疑并不配合时，他选择主动走出办公室，与所有人进行“闲谈”，与员工“打成一片”，这种沟通方式让他看起来和蔼可亲，进而赢得了更多的信任，获得了开展工作的好机会。

作为帅才，要知道，即使再出色、再得力的下属也难免会有情绪低潮、提不起劲儿，不想沟通、不愿工作的时候。遇到这种情况怎么办？不要一副“你不和我沟通，我也不和你沟通”的态度，要坐下来和下属好好谈一谈，看看到底是哪里出了问题。

为此，你平时要注意多跟下属分享对工作的看法，多参与下属之间的活动，培养与下属之间的感情，并且要时常检查一下自己的缺点，比如自己是不是对人冷漠，或者言辞锋利。如果你意识到了自己的缺点，就要注意改正，让自己的缺点和消极品质在团队合作中消灭。

沟通对每一个人来讲都很重要，对一个掌控全局的帅才来讲同样如此。事实上，走出办公室，与员工在一起，不仅是重要的，还是必要的。因为深入群众，多和员工进行一些面对面的交谈，这样就会随时随地发现问题，解决起问题来就会更为有效。

汤姆·彼得斯是全球最著名的管理学大师之一，被称为“管理领袖中的领袖”。他的一位朋友曾给他写了这样一封信，信的内容大致如下。

亲爱的彼得斯先生：

我刚刚度过了也许是我企业管理生涯中（包括四年商学院学习）最有教育意义的一个月。你知道吗？我负责履带拖拉机公司一家很大的特许经销商的零部件。为了进一步提高对用户的服务，我曾在我们最大客户之一的仓库中整整工作了一周。那段时光真让我大开眼界。至少可以说，有机会充当履带拖拉机公司零部件的收货方，而不再是供货方，我真是获益匪浅。因为我负责开箱、给部件分类和处理文件，使我获得了第一手的材料，了解到这家用户当时抱怨我们零件供应中某些方面存在的问题的原因。现在我熟悉而相信这家用户，我将在他们关心的问题上多作改进。

从这封信中，我们可以发现与公司上下的员工进行沟通，会使自己获得比资料报表上更有意义的信息，管理政策会更易于执行。的确，作为一线工作的执行者，员工比管理者更了解工作的实状，更能发现工作中存在的问题，他们的想法大多有可行之处。

对此，汤姆·彼得斯说："假如你把三分之一以上的时间花在办公室里，你便与下属格格不入，与时代格格不入。当你思考了很长时间也想不出好办法时，多与身边的员工们进行接触，会发现更多的智慧和经验，或许你会在瞬间找到解决问题的方法。"

再来看一个例子。

美国惠普公司在沟通方式上采取的是"走动式"，这是一种不拘形式的惠普式沟通方式，是通过随意交流或正式会谈从而与员工及其工作保持密切联系，目的是帮助管理者们了解属下员工和他们正在做的工作，有效进行信息沟通，执行解决问题的方案。

例如，惠普公司办公室的布局很特殊，全体人员都在一间敞厅中办公，各部门之间没有隔墙、没有门户，这种管理模式具有很大的特征：经理经常在自己的部门中走动，或者能够出现在随意的讨论中；员工在公司中的横向联络；举办茶话会、交流午餐及办公室走道里交谈。

为此，惠普公司还制订了很多相关的政策，如在员工的责任条款中规定：员工有责任公开提出问题；与直接上司讨论解决问题的最佳选择；明朗而真实地进行沟通交流；了解解决方案应该包括与他人进行交谈；清晰表述具体需要的管理行动，等等。

惠普公司的"走动式"沟通方式确保了沟通的有效性，管理者走到沟通的平台前，尽可能与所有人交流，去表达和获取自己所需要的信息，进而提高了各项决策的决策力和执行力，这正是他们卓越管理能力的最好证明，也是团队精神的必要条件。

能否建立一个关系融洽，激情和干劲十足的团队，很大程度上取决于管理者是否善于与下属沟通交流。一个出色的帅才必是沟通的高手，通过最大范围的沟通，让自己和下属彼此了解和认可，并获得对方的支持和配合，从而更加有效地开展工作。

所以，不管你是大公司还是小公司的管理者，总待在办公室中你的脑中除了一些整理得井井有条的数据以外一无所有，很容易脱离实际，得不到员工的认可。当工作不得进展时，你不妨走出办公室，深入基层，开展走动式沟通，和员工们“闲谈”一番吧。

4. 批评下属时，拿捏好分寸

要想达到批评的目的，要选适当的时机，适当的批评方式。

——佚名

当员工犯下错误时，身为领导无可避免地要对其加以批评。

不过，帅才批评下属时总能考虑周全，拿捏得当。在他们看来，不批评，起不到鞭策的作用；批评重了，容易打击下属的自尊，最终也收不到应有的效果。所以，一味批评并不可取，重在分寸上的拿捏，让批评达到最佳的效果。

确实，批评不必那么直来直去，一味地使用“大棒”政策。事实上，很多事是可以灵活变通处理的，只要你能注意一些方式和方法，你就可以做到忠言不逆耳，良药不苦口，这样既达到了批评目的，又不容易得罪人，如此你也就具备了帅才的沟通力。

让我们先来看看被奉为“经营之神”的日本企业家松下幸之助是如何做的吧。

松下幸之助曾说过这样一句话：“任何人难免犯错误，即使是一些职务很高的人也不例外。对于我们公司干部的过错，我绝不会视而不见，对他们采取姑息宽容的态度。相反，我要提出书面批评，提醒他们改正错误。”不过，松下幸之助训导人时，尽管口气严厉，脾气暴躁，但从来都是以理服人，往往也会起到很好的效果。

有一次，一个员工犯了错，松下幸之助把该员工叫来，说：“我对你的做法提出书面批评，当然如果你对我的批评毫不在乎，那么，我们的谈话就到此为止；如果你对此不满，认为这样太过分了，你受不了，我可以作罢；如果你口服心服，真心实意地认为我的批评确有道理，那么，尽管这种做法会使你付出一定代价，但它对你仍然是值得的。你通过深刻地反省，会逐渐成为一名出类拔萃的干部，请你考虑一下。”

听了松下幸之助的话，那员工说：“我接受批评。”

“是真的接受吗？是从心底里欢迎批评吗？”松下幸之助问。

该员工答道：“是的。”

“你很幸运，”松下幸之助微笑了一下，接着继续说道，“你的幸运就在于，有我和其他领导可以监督你、批评你。如果能够有人这样向我提出批评，我会感到由衷地高兴。但是，假如我做错了事，恐怕你们只会在背地里议论，绝对不会当面批评我。那么，我势必会在不知不觉之中重犯错误。职位越高，接受批评的机会就越少，一个人的进步也会越小。”

该员工沉默了一会儿，点点头，“您说得很对。”

“这太好了，”松下幸之助说，“我会十分高兴地向你提出批评。”

“我十分高兴接受您的批评。”该员工深深地向松下幸之助鞠了一个躬。

如果我们希望自己的批评取得效果，就决不能使别人反对自己。松下幸之助批评下属的方式，委婉含蓄，合乎情理，晓之以理，动之以情，那位员工才会很愉快地接受。看到了吧，若要不得罪人而改变他，只要换一种方式，就会产生不同的结果。

那么，批评时具体应该怎么做呢？

第一，措辞要客观委婉。

不恰当的措辞，生硬直露的方式，可能激怒对方。比如：“你必须听我的，改变那种做法，否则……”这种命令威吓很难使人心服口服，即使可能出于下级服从上级，表面服从了你，他的心里一定怨恨你，甚至关系破裂，根本谈不上实现批评改变人的目的。

措辞为什么不可以客观婉转一些呢？“这种做法不符合上面的规定，会带来很多麻烦，我们看看怎样做才更好。”“你出这样的错，可能是不小心、缺乏经验造成的，与你能力没有关系……”相信听到这样的话，谁都会反思领悟，从而愉快地接受批评，改正错误。

第二，采取先扬后抑的方式。

有的帅才之所以善于运用批评，就是因为他们能采取先扬后抑的方式，比如“小刘，你的调整报告写得不错，你肯定下了不少功夫。但是，有一个重要的问题你要注意……”“小斌，自从你进了公司之后，你的表现很不错，对你取得的成绩，我非常赞赏。就是有一点，我觉得你可以做得更好，我也相信你一定愿意改正的……”

从赞扬开始，再进行批评，再以忠告结束，这种方式就好像外科医生手术前用麻醉药一样，病人虽然有不舒服的感觉，但麻醉药却能消除痛苦。既解决了问题，也没伤害到对方的感情，这真是一个奇妙的方法。同时，也展现出自己卓越的沟通才能。

除此之外，在批评时还可以运用多种方法。如：通过列举分析历史人物、现实中人物、逸闻趣事等，烘托其错误；笑话暗示法，通过一个笑话，使他认识错误，既有幽默感，又使他不至感到尴尬；还可采用故事暗示，使他听批评时，受到点影射，也易于接受……

第三，事后进行必要沟通。

现实生活中，大多数人会把重点放在批评上，却不能为下属指明道路，这就相当于给病人看病，却没有开药。因此，批评的同时，你要尽量掌控自己的情绪，就是在自己发火之后，也别忘记事后进行必要的沟通，这样的批评也就可以起到更好的效果。

就任通用总裁之后，杰克·韦尔奇面临一项棘手的工作——免除查尔斯·史坦恩梅兹的计算部门的主管职务。史坦恩梅兹在电器方面是个非常难得的天才，但担任计算部门主管却遭到失败，他并没有表现出卓越的管理能力，因此公司几度想开除他。不过，公司也不敢轻易开除史坦恩梅兹，因为公司绝对少不了他这样人才的帮助。而且，史坦恩梅兹的脾气是出了名的厉害，要是知道自己被开除了，他指不定会怎么折腾呢。最终，如何以恰当的方式，对这个工作职位进行变更就成为一个让人头疼的问题。

了解到这一情况后，韦尔奇决定亲自出马。一天，他约史坦恩梅兹到他的办公室，他说："史坦恩梅兹先生，现在公司有一个工程师顾问的职务，这项工作非常重要，需要对公司的运营做出全盘的计划与建议，我们考虑你是最合适的人选，不知你是否有兴趣来担任这样的职务。"

史坦恩梅兹回答道："没问题，只要是公司的决定我都乐意接受。"对于这一调动，史坦恩梅兹内心十分满意。因为他自己做心里明白，更换职务是因为自己做部门主管不称职，是对自己的严厉批评，他虽然心里不痛快，但无疑这一问题的处理方式是最对自己最有利的。然而，更为精彩的还在后头！史坦恩梅兹走后，韦尔奇悄悄给他妻子拨通了电话，对她说："今天你先生回家，脸色一定难看，请好好照顾他！"

就这样，杰克·韦尔奇巧妙地调动了这位最暴躁的大牌明星，并没有引起一场大风暴——因为他批评之后，不忘鼓励，尊重了史坦恩梅兹的情感与利益，保住了史坦恩梅兹的面子，最终他使史坦恩梅兹佩服得五体投地，决心继续干下去，而且要干得更好。

批评是一门艺术，也是对于帅才沟通力的最好考验。为帅者不应轻视任何一个犯错的下属，要相信他们有足够的能力去克服那些问题，态度诚恳，循循善诱地跟他讨论所发生的问题，陪他一起去面对，做好善后工作，这样更具有说服力，让下属心悦诚服。

总之，直言直语批评很伤人，批评也要注意讲究方法。择时择地，委婉措辞，考虑周全，在其中更多融入灵动的内容，拿捏得当，把握分寸，是帅才绝妙的沟通力之一，会使自己更能去影响人和改变人，从而达到对工作的巨大推进和有效执行。

第七章

将帅之才的管理能力

中外企业的无数事例都证明了一个结论：
管理者的管理能力直接影响并决定着企业经营是否成功。
在一个组织中，将就是舵手，指导团队走向正确的方向；
帅所要做的，就是带好手下的兵，让工作井然有序地进行。
如何平衡各方关系、统筹各方面的资源和力量、最大程度地发挥协同作用，
这些都是对将帅之才的要求和挑战。

将才修炼

1. 做成功领袖，用自信征战

一个人除非自己有信心，否则不能带给别人信心；相信自己的人，方能使人信服。

——佚名

一个人能否成为将才，能否在事业上有所成就，关键在于是否自信。

自信的意思是自己相信自己，表现在外是一种强势、力量、坚定，只要你有充分的自信，相信自己能成为将才，并在公众面前表现出这种自信心，别人就会认同你的自信，你就会因此而越来越自信，必然也吸引别人的追随，有朝一日你真会成为将才！

这并不难理解，举一个最简单的生物界的道理。狮子在确定捕猎目标后，就会勇猛向前，用尽一切可以用的办法得到它，不管它是袋鼠、羚羊，还是野牛、大象等巨大到可以与狮子匹敌的动物，绝对不会中途退却。正是这种自信，点亮了它们的王者之路。

将才，是带着一批人上路的人，是带着一批有理想的人去到他们想去的地方，而自信的价值体现在你与他人在一起时是否能影响对方，也就自然地成为人们的心灵可以依赖的“领袖”，这就是一句古老的格言了：“一个人，征服了自己，也就征服了世界。”

所以，要想成为将才，要想获得成功，就必须拿出狮子那样永不退缩的自信，即相信自己一定会有所成就，并确信自己有能力去应付任何棘手的问题，而不会被任何困难和挫折所击倒。

法兰西第一帝国缔造者拿破仑·波拿巴就有着与生俱来的王者般的自信，他说过一句经典的话：“我成功，因为我志在成功。在我的字典中是没有‘不’字的。”这句话带领着他自信奋发，使他成为率领数十万大军的将领，也使我们领略了大将之风范。

1769年，拿破仑·波拿巴出生于地中海的小岛——科西嘉，他的家族是一个没落的意大利贵族世家，日子过得相当清贫。但年少的拿破仑却志向满满，他曾自信地对父母说：“我们不要在这块小地方上生活了，现在的拿破仑不再是科西嘉的拿破仑了，而是世界的拿破仑了。”后来，拿破仑在父亲的安排下到法国布里埃纳军校接受教育，这是一所贵族学校。在那里，与拿破仑往来的都是一些夸耀自己富有而讥笑他穷苦的同学，他既愤怒又无奈，但每一次的嘲笑和欺辱都让他增强了决心：“我一定会出人头地的，做一个军官让他们看看！”1784年拿破仑以优异成绩毕业后，他真的成为了一名军官……

一次，拿破仑在与敌军作战时，遭遇了顽强的抵抗，队伍损失惨重，形势非常危险。其间，拿破仑还不小心跌入了泥潭中，弄得满身泥巴，狼狈不堪。手下的士兵们见到拿破仑这副滑稽模样禁不住想笑，同时开始暗暗担心这场战争的前景。可此时的拿破仑内心只有一个信念，那就是无论如何也要打赢这战斗，只听他大吼一声，“冲啊，胜利一定属于我们！”说完，便继续奋勇前进了。士兵们见此，也被拿破仑的乐观自信所鼓舞。一时间，群情激昂、奋勇当先，最终取得了战斗的最后胜利。

正是凭借这种自信，拿破仑创造了一系列的奇迹：指挥的50多场战役，只有三场战败，连续五次挫败反法联军，歼灭敌军千万之军。在不到十年的时间里，他征服了大半个欧洲，当然也包括小小的科西嘉。

在实际工作中，领导者总是会碰到许许多多的问题，这种情况下，是知难而退还是勇往直前？所有的一切，下属们都在期待着你来作出决定。如果你充满着排除万难的自信，必将奋勇前进。试想，有如此自信的领导者，下属们能不士气旺盛吗？

将才，不只是告诉别人怎么干，而是要用自信征战，激发队伍产生一定抱负，并朝目标勇往直前，其“气”必所向披靡，这是一种领导魅力，也是一种管理能力。当然，假使你自认为卑微渺小，处处显露出不自信甚至猥琐，那就不能怪别人不信任、不遵从你了。

那么，怎样才能成为一位自信的将才呢？

第一，运用心理暗示。

成功人士之所以成功，很重要的一个秘诀就是相信自己已经成功，而其他人只是希望自己很成功。相信不是随便而来，而是要自己不断地对自己的潜意识做重复的心理暗示，“我是最棒的”、“我一定行的”、“我是独一无二的”等，并想象自己成功的样子。

1945年瑞典人根德尔·哈格跑出4分01秒4的人体“极限”成绩，此后8年没人能够超越这个成绩，而且认为自己做不到。在这沉寂的8年中，就读于牛津医学院的罗杰·巴尼斯特发誓要突破4分钟极限。尽管遭到了别人“不可能”的否定，但巴尼斯特却时常这样告诉自己：“Yes，I can!”他独自坚持训练着，风雨不误。

终于在 1954 年 5 月 6 日，巴尼斯特打破了关于“极限”的这个概念。当他冲过终点线时，比赛现场的广播员激动地说道：“新纪录诞生了，这是新的欧洲纪录，也是新的世界纪录，时间为 3 分 59 秒 04。巴尼斯特突破了不可能的障碍，成为了人类突破自身极限的永恒象征。”

那一晚上，巴尼斯特出现在伦敦电视台。对于自己的成就，他很淡然地说：“人类的精神就是永不服输的精神，我深信自己能够打破这个纪录，并不断地这样暗示自己，‘Yes, I can!’久而久之形成了极为强烈的信念，最终完成了这个‘不可能’。”

“Yes, I can!”这就是一种积极的自我暗示，反复运用这种暗示，你就会接受这种观点，而永远充满自信。谎言重复千遍也会变成真的，就是这个道理！相信，你总有一天会成为一位卓越的管理人才，成为一位深受员工欢迎的将才，并创造奇迹。

第二，言行举止上要自信。

自信的人在言行举止上，都会表现出一种活泼的生气，显得对自己充满信心。例如，走路时抬头挺胸，大步前进；每当与人谈话时，正视对方的眼睛，不会目光闪烁不定，躲躲闪闪；说话时，清晰而有条理地表达，不吞吞吐吐，不让声音憋在嗓子里。同时，话语充满信心，这样就会感染到别人，吸引对方的注意力，直到让人相信。

换句话说，自信和他信几乎同等重要，要使别人相信自己，你自己首先必须要展示出自信。身为将才，要像雄狮一样自信“征战”，不要忘了你的责任，不要忘了你所处的地位，不要忘了你并不是组织中一个普通的人，而是大家的领袖、组织的领导人物。

如果你还不够自信，那就赶快行动起来。

2. 严格执行，有规有矩才成方圆

纪律是达到一切雄图的第一条件。

——英国剧作家　莎士比亚

俗话说："无规矩不成方圆。"规矩，是我们在社会中生存与活动的准绳，一个企业上下人员也总要在规与矩组成的范围中活动。只有遵守规矩，每个人才能有更好的发展，公司才会不断进步。管理工作离不开规矩，应该让制度发挥它应有的效力。

试想，如果管理者无法做到违法必究、执法必严，一个公司上下没有了纪律作为保障，员工无章可依、无规可循，工作散漫，随心所欲，该上班时不上班，该工作时不工作，公司的生存、发展该从何谈起呢？这样的管理者又怎能赢得众人的尊敬呢?!

剑桥大学曾有一位著名的校长，非常善于管理，在任职期间，他曾培养出了很多出色的学生。有人问他："您为何能把学校经营得这样好？有什么秘诀吗?"这位校长笑了笑，说道："因为我总是用'一条鞭子'惩治那些不听话、不上进的学生，并且奖罚严明。"

事例中这位校长所说的"一条鞭子"，说白了就是严格合理的学校制度。其实，学校也好，企业也罢，从管理的角度讲，身居要职的管理者都需要这样“一条鞭子”。而一个合格的将才，恰恰就是能握好这样“一条鞭子”的人。

毋庸置疑，规章制度是实现管理的重要方式之一。通过完善的制度体系，包括职位说明、工作职责、考核、升职、晋升、奖金、罚金等各项制度，用此来规范和约束员工的行为，使之变成习惯和自觉行动，做到令行禁止，团队才会充满力量，战无不胜。

美国著名的联邦快递公司是一个非常重视纪律的团队，它的创建者弗雷德·史密斯是出身于美国海军陆战队的越战老兵，他将军人铁一般的纪律融入了公司管理中，缔造了“Fedex，使命必达”的口号。

从那一天起，“Fedex，使命必达”就成为了每一个联邦快递人的坚定信念。如果有人问联邦快递的员工：“你能按时送达货物吗?”他们会毫不迟疑地回答你“使命必达”，当然他们也是这样做的。

40年来，联邦快递员工严格遵循公司“使命必达”的纪律，不断提升着自己的服务质量，以提供“第二天交货”的优质服务，成为世界500强公司，稳居全球物流业第一把交椅。

你想成为将才吗？你想管理有方吗？那么，绝对不能轻视“规矩”的力量，严格按照企业的各项规定做事，并严格执行企业的各项规定，不该有任何例外的情况。

第二次世界大战结束后，由于日本经济萎靡不振，松下公司面临极大困境。为了渡过难关，松下幸之助要求全体员工不迟到、不请假，凡破坏制度者都要罚站。然而不久，松下幸之助本人却迟到了，迟到了10分钟！迟到的原因原本不在他，而在于公司的汽车接他接晚了。

松下幸之助到公司时，会议室里有20个人在等着他开会。当着大家的面，他自觉地站在了会议室门口，他感觉到所有人都在看着他，“有点儿像默哀，那真是一件让人难受的事情。”事后，有下属表示，“领导罚站的时候，他站了一身汗，我坐了一身汗。”

后经调查松下幸之助得知，那天由于早班司机的主管督促不力，司机睡过了头，所以晚来了10分钟。必须严厉处理此事，松下幸之助首先以不忠于职守的理由，给司机以减薪的处分；以监督不力，给予直接主管、间接主管处分。他认为对此事负最后责任的是作为最高领导的自己，于是对自己实行了最重的处罚，扣了全月的薪水。

制度不是为某个人制订的，而要适用于集体里的每个人。仅仅迟到了10少钟，松下幸之助就处理了这么多人，包括自己，这彰显的是一种大将风范，无疑也是一种明智的管理策略。结果是，此事深刻地教育了松下公司的全体员工，再没有人轻易迟到了。

请问，这些你做到了吗?

3. 宽容待人，管人之道在于管心

和以处众，宽以待下，恕以待人，君子人也。

——宋朝诗人　林逋

《尚书》中说："一个人有包容的雅量，他的德行就伟大。"一个将才的管理能力高不高，首先就要看他对员工的态度是否宽容。只有做到容人之所不能容，忍人之所不能忍，恕人之所不能恕，忘人之所不能忘，才能管人之所不能管，成人之所不能成。

有古语曰："有容乃大，无欲则刚""宰相肚里能撑船"，这些都是在强调这样一个道理：有多大的胸怀，就能办多大的事。因此，每个管理者都要胸怀宽广，学会宽容。宽容不会失去什么，相反会真正得到，得到的不只是一个人，更会是得到人的心。

宽容，是为将者的一种修养，也是一种有效的管理手段。

宽容，意味着包容，容忍。

每个员工都想把事情做好，都希望领导肯定自己的工作，而每一个管理者都希望下属少犯错误，将工作做得完美一些。但每个人犯错误及做错事是经常的，这时候最需要的是有改正的机会，这就需要管理者能在指出问题的同时，多一些宽容。

"人非圣贤，孰能无过"，对下属的过失与冒犯的处理方法，足可以区分一个管理者是平庸还是优秀：前者往往会大发雷霆、斤斤计较，并施以惩罚；

后者则坦然面对、一笑了之。无数的事实证明，宽容下属的过失，换来的将是他们的真心改过和赤胆忠心。

楚庄王有一次大宴群臣，令自己最宠爱的许姬敬酒。这时，突然一阵狂风把灯烛吹灭了，大厅里一片漆黑。黑暗中，不知是谁仗着酒兴用手拽住了许姬的衣袖，想轻薄许姬，但被许姬挣脱了。许姬急中生智，顺势扯断了那人头上的帽缨握在手里，并要楚庄王掌灯追查。

楚庄王听后不以为然，说道："酒后狂态人之常情，不足为怪。"并请群臣都摘下帽缨后再掌灯。待到烛光重新点燃，朝堂上坐着的全是没有帽缨的人。许姬环视了一下，看不出来谁是刚刚调戏自己的那个人，便拂袖离去了，此事也便不了了之了。

不久，吴国侵犯楚国，有个叫唐狡的大将总是冲在前头，作战英勇，屡建战功。楚庄王很奇怪，问他为什么如此拼命。唐狡回答说："末将该死，我曾在宴会上酒醉失礼。大王不但没有治我的罪，还为我掩盖过失，我只有奋勇杀敌才能报答大王。"

在这个事件中，楚庄王听说有人调戏爱妾，而且他的帽缨被扯断，是可以查出谁犯了罪的。但楚庄王却认为酒醉失礼是难免的，没有追究下属的过错，故意让大家都扯断冠缨。倘若楚庄王没有宽广的胸怀和气量，就不可能有战功显赫的唐狡！

宽容，意味着接纳、接受。

人与人的差异是客观存在的，所谓宽容，本质就是容忍人与人之间的差异。不同性格、不同特长、不同偏好的人能否凝聚在一个组织目标和愿景的旗帜下，靠的就是管理者的宽容。作为一名团队带头人，将才的心胸一定要开阔，要具有大局意识，即善于团结不同观点的人，容得下各种各样的人，宽容地对待每一个下属。

1860年林肯当选为总统之后，须找几个人当他的内阁与他一同策划国家大事，其中必须选一位最重要的参谋总长，他选了斯坦顿。当林肯把这一想法，告诉参议员时，一片哗然，许多人都表示了强烈的反对，认为林肯不应该将此人选入内阁，劝林肯三思而后行。

人们给林肯的解释是："斯坦顿曾经和您一起竞选过总统，他一心想入主白宫，甚至认为自己要比您伟大得多。他曾想尽办法在公众面前侮辱您，毫不保留地攻击您的外表，故意制造事端来为难您。如果让斯坦顿任参谋总长的话，他一定会扯您的后腿!"

听了这些话，林肯仍然不为所动，他态度坚决地回答："我认识斯坦顿，我也知道他从前对我的批评，但是他是一个非常优秀的人，他最适合这个职务。为了国家前途，我认为我应该接纳他，并重用他。"最后，林肯还是任命斯坦顿为参谋总长，并说："如果你们知道，有谁认为他比我伟大，你们要及时告诉我，因为我想把他们全都收入我的内阁。"

事实证明，斯坦顿是一个大能人，他为国家以及林肯做了不少的事情。

过了几年，当林肯被暗杀后，许多赞颂的话语都在形容这位伟人。然而，所有颂赞的话语中，要算斯坦顿的话最有分量了。他对躺在福特戏院里的林肯说："这里躺着美国有史以来最完美的统治者。"

我们常说"水至清则无鱼，人至察则无徒"，这句话的意思是说，水太清澈了，清澈到像游泳池里的水一样，那时没有鱼儿能在里面生存的。同样的道理，一个人太明察、太苛刻了，苛刻到眼睛里容不得一粒沙子，是没人愿意跟随的。

身为将才，心胸不可太狭隘，如果只听得进去歌功颂德之类的阿谀话，却看不惯与自己“背道而驰”的人，不能宽容以待，并且整日忙于内耗，“顺我者昌，逆我者亡”，这必将有失将才的风度，难以获得下属的支持和信赖，事业最终也会一败涂地。

《尚书》中有“有容，德乃大”之说，《周易》中提出“君子以厚德载物”，荀子曰“君子贤而能容罢，知而能容愚，博而能容浅，粹而能容杂”，可见领导者宽容可使近者悦远者来，天下归心，这样的管理者更具有领导魅力，这样的组织也更具有向心力。

总之，宽容待人，就是在心理上接纳别人，学会接受别人的短处，包容别人的缺点和错误，这是理解和尊重别人的原则。你将创造一个友好和谐的工作气氛，赢得下属们对你的尊重和爱戴，这就真正达到了管理的境界，你将能够走得更远，走得更扎实。

4. 处事公正，赢得下属的敬服

坚持公正的管理和处世原则，是每一个管理者成功的秘诀，是每个人都要履行的责任和义务！

——美国经济学家　詹姆斯·托宾

公正，是将才应具备的品格，也是重要的管理策略。

所谓公正，就是在工作中想问题、办事情要出于公心，对人对事一碗水端平，公正地对待诸如分配、奖惩等问题，不以个人好恶而处之，不以私情轻重而为之，主持正义、维护公道。

公正能赢得人心，下属最怕不公，不公则导致消极、离心。

试想，很多庸庸碌碌的人居于高位，有才干的人却要委曲求全，那么时间一长有才干的人就会觉得不平：为什么他什么也不会却比我的薪水拿得多？他的能力不如我凭什么待遇比我高？为什么我要养活这个无知的家伙？……有了这种想法，谁还肯踏实工作呢？

要想成为一名将才，你就要公正地处事，这样才可能赢得众人的敬服。

祁奚，字黄羊，春秋时期晋国著名的贤大夫。

祁奚年老时，向晋侯公请求退休。晋侯公问祁奚谁可接任，祁奚毫不迟疑地回答道："我觉得，解狐这个人最适合补这个缺。"晋侯公大吃一惊，说道："解狐不是你的仇人吗？你怎么会举荐他呢？"祁奚摇摇头，解释道："解狐确是最合适的人选，我不敢以私害公。"于是，晋侯公就任用了解狐，都城里的人都称赞任命解狐好。

又过了一些时候，晋侯公又找到祁奚，问："咱们国家眼下少个掌管军事的国尉，你觉得谁担任这个职位最合适？"祁奚立即答道："我看祁午合适。"晋侯公又大吃一惊，不解地问："祁午不是你的儿子吗？"祁奚答道："您只是问谁适合做这个国尉，又不是问我的儿子是谁。"晋侯公又任用了祁午，都城里的人一致称赞任命祁午好。

孔子闻曰："善哉，外举不避仇，内举不避子，祁黄羊可谓公矣。"

推举仇人，不算是谄媚；拥立儿子，不出于偏爱。

为将者就该这样，处事公正，坦坦荡荡。

既然先人给我们展现了如此光辉的形象，我们也要以先人为楷模，努力克服私人感情，以一颗公心做好管理工作，讲究原则、不讲人情，把私人感情与工作分清，不偏袒任何人任何事，不背离公正的天平。如此，那么还有谁不认可、不敬服我们呢?

事实上，处事公正，一视同仁，有功必赏，有过必罚，这样会给员工一种公平合理的印象，让他们觉得人人都是平等的，机会也是均等的，他们才会更奋发、更努力。也只有这样，才能确保企业正常的经营，才能凝聚成强大的力量，以不可阻挡之势发展下去。

日本伊藤洋货行的董事长伊藤雅俊是一位值得大家学习的、以严谨著称的企业家。在企业管理中，他从来不感情用事，在不允许妥协的地方绝不妥协，该赏的赏，该罚的罚。其中，他以两种截然不同的态度对待经营天才岸信一雄就是最好的佐证。

日本企业伊藤洋货行是以从事衣料买卖起家，后来进入食品业。为了使公司取得食品方面的发展，伊藤雅俊从东食公司挖来了对食品经营有丰富经验的岸信一雄。岸信一雄是一个善于交际、重视创新的经营奇才，他的加入宛如是为伊藤洋货行注入了一剂催化剂。10年内使公司的业绩提高了数十倍，伊藤洋货行的食品部门呈现一片蓬勃的景象，岸信一雄也晋升为公司的经理，成为了公司内外炙手可热的大名人。

但是，不久岸信一雄开始居功自傲了，对公司制订的规章制度一律不予遵守，对公司的改革措施持敌对态度，战略决策一执行到岸信一雄那里就止步不前，对那些勤奋敬业的部下也放任自流。伊藤雅俊多次要求岸信一雄改善工作态度，按照伊藤洋货行的经营方法去做。但是，岸信一雄根本不加理会，依然按照自己的做法去做。他说：“一切都这么好，证明这路线没错，我为什么要改?”结果整个部门的工人效率直线下降，伊藤雅俊最终忍无可忍，将岸信一雄解雇。

战功赫赫的岸信一雄突然被解雇，这个消息在商界引起了不小的震动，舆论界也以轻蔑尖刻的气批评伊藤雅俊“过河拆桥”。在舆论的猛烈攻击下，伊藤雅俊理直气壮地反驳道：“秩序和纪律是我的企业的生命，也是我管理下属的法宝。不守纪律的人一定要从重处理，不管他是什么人，为企业做过多大贡献，即使会因此减低战斗力也在所不惜。”

当“三顾茅庐”求来的岸信一雄一次次为公司创造卓越业绩时，伊藤雅俊采取了提拔和赏识的态度。但随着岸信一雄的居高自傲，变本加厉地行使“治外权”时，伊藤雅俊又毫不客气地将他请了出去。这种做法是正确的，是值得每一个希望成为将才的人学习的。

所以，为将者要将制度的天平摆正，不能看人下菜碟，对于一些业绩出色，工作能力优秀的员工，睁一只眼闭一只眼。而应该是，无论是谁，一旦违反制度，就依法办事，严惩不贷。这样才能彰显制度的严肃性、权威性，让每个员工自觉地维护。

在《公正是最大的动力》一书中，美国经济学家詹姆斯·托宾写道：“公正是人类社会发展进步的保证和目标。公正是对人格的尊重，可以使一个人最大地释放自己的能量。坚持公正的管理和处世原则，是每一个管理者成功的秘诀，是每个人都要履行的责任和义务!”

也许你有时本无厚此薄彼之意，但在实际工作中，难免愿意接触与自己爱好相似、脾气相近的员工，无形中就冷落了另一部分员工。因此，你要适当与自己性格爱好不同的员工交往，尤其对那些曾反对过自己，或者犯过错误的员工，以防不必要的误会和隔阂。

说到底，为将者要对企业负责，也就是说你的私情私欲必须为企业利益所替代。为了不以私害公，每做一件事情之前，你不妨扪心自问一下："在这件事中，有没有我的私情在里面?"或者问一问："我这么做，公正吗？如果我是员工，我会认可吗?"

待确定了"公正"之后，就大胆开展工作吧。

帅才修炼

1. 雁群领袖，能和众力

员工培训是企业风险最小、收益最大的战略性投资。

——美国管理学教授 沃伦·贝尼斯

你看过大雁的迁徙吗？大雁在迁徙过程中，经常排成“V”形，由一只比较强壮的大雁在前面开路。为什么要这样？原来，领头雁承受着最大的空气阻力，能帮助它后面或两边的大雁形成局部真空，减少飞行的阻力，并确保整个雁群的安全准确飞行。

大雁的团队领导方式很有意思，这给我们一个启示，一个优秀的、健康的团队，需要一个优秀的、具有带头作用的领袖，就像飞行过程中的领头雁一样有胆识、有魄力，营造良好的工作氛围，减少工作中的阻力，这样就能让整个团队更加稳健地发展。

这也意味着，作为帅才，要有自我牺牲精神，要有奉献精神，在团结互助中起模范带头作用。在这一点上，你能做到吗？

胡海大学毕业后进入了一家净化器工程公司，参加工作后不到十年的时间，他已经成为所在公司的副总经理，掌管着100余名员工，可谓是春风得意。究竟是什么样的力量支撑着胡海取得如此显赫的成就呢？用胡海自己的话说："如要成就一番事业，必须要有奉献精神。"

刚进这家公司时，胡海只是一名普通的设计员，每天平平静静地上下班。不到一年，公司决定在本市某郊县做一个新项目。此郊县离市区有七八公里，非常偏僻，也没有公共汽车，当时很多人对这个项目没有信心，谁都不愿意去，胡海却主动要求去那里工作。当时他已经是技术部的一名主管，他带着自己手下的六个员工来到了开发区。

无疑，接下来的工作很困难，员工们个个很懈怠，胡海却顾不上多想。冬天下着大雪，刮着白毛风，非常冷，胡海每天早上在磕磕绊绊的路上骑着一辆破旧自行车，走街串巷，调查市场，进行策划，采购器材……看到胡海干得这么卖力，手下的员工们也坐不住了，开始跟着他忙前奔后，最终共同开创出了一个新市场，胡海也因此赢得了领导的高度重视。

面对别人不敢、不愿接手的"烫手山芋"，胡海却采取了主动的方式，这是大局意识和奉献精神的体现，也是为帅者有所为之处。如此，必将产生强大的号召力，能和众力，共举乾坤。

不过，大雁给我们的启发还不仅仅如此。科学研究还表明，雁阵中的领导权时有更替，领头雁一直在更替，定期或不定期地会有其他的雁上去领飞，几乎每只雁都会经历领飞之职，这样就能使领头雁永远保持充沛的体力在前面飞，后面就是坚决的追随者。

身为帅才，你还应创造出一个适合每个人都能各尽其职的环境，共享责任归属权。当你由于身体、知识、能力等方面的因素无法带领团队快速发展时，应该选择具有相应能力的人员作为新的带头人，以新的知识、理念、管理方法和手段去推动团队新的进步。

别认为有了新的带头人就意味着你的管理失败。对此，松下幸之助曾经讲过这样一段经典的话："当我有一百个员工，我会站在最前面身体力行，做个领军人物；当我有一千个员工，我会站在他们中间，给他们摇旗呐喊；当我有一万个员工，我就在他们身后，为他们加油、推动他们；而当我有十万个员工，即便我想在后面协助他们，也力不从心了，我唯一能做的便是退下来。"

确实，如果你一直站在一个讲台上，那么就没人再能站在你这个位置了。可当你往后退一步的时候，就会多一个人可以站在那里。你往后退得越多，实际上你给了你的团队成员更多的机会，给了他们更多的空间和更大的可能，这将更有利于团队的胜利。

1985年，本·科亨创立了冰淇淋公司，并与杰瑞公司联合上市，他可谓联合创始人及首席执行官。接下来，他要不时面对媒体采访，如"今后5年中能否达到每年15%的增长率"、"公司的资本会如何利用"等，这些问题令科亨先生不知如何作答。

很快，科亨先生认识到严肃地谈论财务状况不适合他作为自由精神和冰淇淋人的形象，他的本事和兴趣蕴藏在创造冰淇淋口味和营销公司上，不在筹划利润上。结果，公司上市后不久，科亨先生便"退位"了，他将公司的日常经营权交给了以实现利润为目标的高层主管拉加先生。

很多人为科亨先生的举动感到惋惜，但很快他们认识到，科亨先生并没有“失败”或“受挫”，他研究出了众多美味的冰淇淋口味，深受消费者的喜爱，而拉加先生也把公司生意经营得很好，公司发展越来越好了。

要想做一个雁群式的领袖，你不仅要敢于带领全体员工勇往直前，还要多创造机会给你的部下，让他们有机会承担更多的职责。让每一个人试着做一下“领头雁”，能充分发挥每个人的主动性和潜能，将工作做到更好，你的管理工作也会更顺利。

这里还有一个小故事，你可以借鉴一下。

韩国有一家卫生材料厂，从1983年3月开始，实行了一种独特的“一日厂长”管理制度，即让职工轮流当厂长管理厂务。这一制度规定每周的星期一，挑选一名员工做一天该厂的厂长，每周轮换一次。一日厂长和真正的厂长是一样的，拥有处理公务的权力。

“一日厂长”上任之后的第一项工作就是巡视各部门、车间的工作情况，听取各车间、各部门主管的简单汇报，以了解工厂的全盘运营情况，并将相关的信息详细地记录在工作日记上，以供下一个“厂长”阅读、参考。

“一日厂长”有公文批阅权。在星期一，呈报厂长的所有公文都要首先经“一日厂长”签名批阅，厂长如果要更改“一日厂长”的意见，必须征求“一日厂长”的意见，才能最后裁决，不能擅自更改。

“一日厂长”还有权对工厂的管理、工人提出批评意见，批评意见要详细地记入工作日记，以便在车间、部门之间传阅。同时，各车间部门的主管必须听取“厂长”的批评意见，并随时改进自己的工作。

最后，“一日厂长”还要根据自己的工作心得，写出改进工作成果的报告，并在干部会议上宣读，得到全体干部认可后方能结束。

这个工厂实行“一日厂长”制后，在短短的一年时间内，做过“一日厂长”的已有40人，占全厂员工的10%。大部分干过“厂长”的职工，他们对厂子的向心力明显得到了提高，更加积极地为工厂工作。其中，一位年仅22岁的年轻工人，当了“一日厂长”后，自信地说：“如果我第二次当上‘一日厂长’，一定比上次干得更出色。”

渐渐地，随着“一日厂长”制的推行，该厂管理成效显著，企业的凝聚力也大为增强，并获得了韩国劳动部授予的“杰出劳资关系示范工厂”的称号。

“一日厂长”制使员工们认真地执行与此有关的计划，员工们也更能理解各种决策的用意，体谅领导的辛苦，体验到公司的业务实践。你想成为优秀的管理者吗？你想成为瞩目的帅才吗？不妨借用一下这一管理模式吧，相信你会收到意想不到的惊喜。

2. 敢于授权，有效管理

管得少，就是管得好。

——通用电气公司总裁　杰克·韦尔奇

作为帅，主要职责就是带好手下的“兵”，让工作井然有序地进行，按期完成公司分配的任务。一个合格的帅才不是事必躬亲，单挑大梁，自己去完成所有工作的，正确的做法应是：敢于授权，将权力下放，让每个下属都有事可做，让每件事都有人去做。

我们先来看一个真实的例子。

汤玛士·华生是IBM公司的前总裁，是美国商场上呼风唤雨的大人物，他非常热爱自己的工作，每天不辞辛苦地处理着大小事情，他经常抱怨说自己要多长一双手或多长一个脑袋就好了。后来，华生被诊断出罹患心脏病，医生建议他要多注意休息，但他仍不知疲倦地坚持工作。

一段时间后，在一次工作中，华生突然旧病复发，他被送往医院进行治疗。

医生检查后，严肃地对华生说：“你现在必须马上住院治疗，如果再耽误的话，将会有生命危险。”

华生一听，立刻焦躁地说：“我们公司可不是小公司啊，我这个总裁每天要忙个不停，每项工作都需要我的安排，每天早上一走进办公室，门口就有好几名下属排队等候找我签字，或者请示。没有了我，公司就会乱套的，我怎么能安心住进住院呢！”

医生无奈地看着华生，没有再进行劝说，只是邀请华生一起出去走走。虽然华生不明白医生的意思，但他还是接受了邀请。当两人走到郊区的一个墓地时，华生更不明白医生到底想做什么了，他困惑地看着医生。医生指着坟墓，轻轻地说：“你我总有一天要永远躺在这儿，是不是？那时候，因为你的离开，公司就不照常运作了吗？公司就会关门大吉了吗？”

听完这番话，华生站在那儿沉默不语，思索良久。

第二天，华生便申请住院接受治疗了，临行前他告诉几位中层管理者，让他们自己拿主意，尽量不要找他。

刚开始，大家都觉得不习惯，因为他们已养成了奉命行事的习惯，不习惯自己拿主意、作决定，但这种情况没有持续多久，各项工作开始有条不紊地运转起来，下属们的决定是那样的准确无误，公司几乎没出现什么差错，IBM 继续把持着电脑界的霸主地位。

由这个事例，我们可以看出高度的集权管理只会使管理者筋疲力尽，使公司发展缓慢。好在，汤玛士·华生终究还是开窍了，他大胆下放手中的权力给各主管以及员工们，给他们充分表现的机会，如此非但他担心的状况没有出现，反而每个人都各显其才了。

这里有一个很形象的比喻：“一个部门好比是一台计算机，管理者是这台计算机的中央处理器，员工好比是各种零部件。要想让这台计算机能够准确、高效地运转，只靠管理者这个中央处理器是远远不够的，它需要各个零部件都能按照自己的程序良好地工作，发挥各自应有的作用。”这句话充分地说明了授权在管理中的重要性。

更何况，任何一个人都有自己所不擅长的领域，不熟悉的方面。如果对职责的承受，超出了个人的能力范围，工作开展会变得十分艰难，如此收获也往往少得可怜，恐怕你目前的地位也就难保了。

所以，作为帅才，或者更准确地说，你要想成为一名帅才，就要舍弃掉权威的观念，舍弃对个人权力的过分维护，看到权力背后所代表的职责，看到自己下属在工作方面所具备的优势，大胆地、适当地授权给他们，争取做到人尽其才，才尽其用。

的确，帅才的职责在于事业的开展，对于这一目标的实现，授权是其中最有效的一种武器。通过有效的授权，不仅可以改变自身的工作状态，决策更加明智，而且可以使下属们的工作积极性得到极大提高，有更好的执行，让工作完成得更完美，更有效率。

一个人，不见得自己的能力有多强，自己的条件有多好，但只要懂得授权，就能团结比自己更强的力量，从而提升自己的领导能力。但是，怎样授权也不能乱授，只有找对人，用对了方法，才是科学有效的授权。那么，具体来说，为帅者该如何授权呢？

第一，选好授权对象。

有效授权最关键的一步，就是要选择一个正确的授权对象。权力授给谁，这是首先要考虑的问题。要选好被授权者，你必须对自己的下属进行细致的考察和分析，包括每个人的特点、优点和弱点，他最擅长何种工作？具有什么工作经验？目前工作绩效如何？等等。

一般来说，具有下面特点的个人，往往是授权的理想人选：遵守职业道德，善于灵活机智地完成任务，有自我开创能力及协调与合作精神，有善于思考的头脑，而且懂得教人与带人，最主要的是对工作了解较为透彻，具备担负重要工作任务的才能和智慧。

第二，明确授权内容。

对下属授权，要根据不同任务的性质而定，前提是标记出你必须需要亲自做的工作。一般来说，你应该保留意义重大、事关全局、方向性的工作，如直接下属和关键部门的人事任免权，对一般及重要决策进行最后拍板的权力，对所有重大决策应该有知情权等。

那么，剩下的工作，你就可以根据具体情况作决定了。对于哪些工作可以授权而言，很少有放之四海而皆准的方法，不过日常的很多工作都是可以授权的，诸如日常事务性工作、具体业务工作、专业技术性工作、代表其身份出席的会议、一般客户的接待，等等。

这些日常必须要做的工作，你已经做了一遍又一遍，对它们所具有的特性以及具体操作的细节非常了解，并且是公司例行规定的必要工作，你就完全可以把它们委托给他人去做。正因为这些工作谁都可以做，谁都可以做好，所以不足以体现出你所付出的时间和精力的价值。

第三，一定要进行追踪。

交代给下属某些权力之后，并不等于授权完成了，这只能算是授权的开始。作为帅才，你有必要对员工的工作进度进行定时追踪，要知道，即使你把这项工作和权利完全交给了下属，也并不意味着结果的好坏与你无关，为帅者永远都是最终的责任者。

为帅者必须对所授权的工作进行追踪，至于怎么进行追踪，我们总结了两种方式，以供参考：在发布授权指令后的一定时期，亲临现场，认真观察执行的情况；在发布授权指令的同时与下属商定，要求下属定期汇报工作的执行情况。

需要注意的是，定时追踪的目的不是让你直接参与工作，而是可以从全局把握工作，这样将有利于了解下属是否按原定的计划执行，对你下达命令的技巧和方式有一个比较直观的了解，同时也可以及时发现意外情况，尽早改进授权的方式和方法。

相信，按照前面所述的几点进行授权，你的权力将会“授”而不“弃”，你将快速成为一个管理有方的杰出帅才。

3. 激励管理，让下属气势如虹

未来管理学的重要趋势之一，是管理者要设法以更有效的方法，激发员工士气，间接引爆员工潜力，创造企业最大效益。

——美国管理顾问　鲍勃·尼尔森

作为一个管理者，你肯定希望自己的下属可以主动地、积极地工作，为团队创造更多的效益。但是，要想让下属使尽全身力气，为工作付出最大的努力，你就要对他们进行必要的激励，这是每一个有志于成为帅才的管理者必须学会的一项管理技能。

如果你做不到这一点，对待下属总是指责多于激励，下属的工作积极性肯定不会太高，是不可能全力以赴工作的。在这种情况下，他们往往就会出现消极怠工、工作质量下降等问题，不仅你的管理会面临重重阻碍，你的整体工作也会不尽如人意。

关于楚汉争霸中的故事，我们都已了解了很多，而其中有一个因得不到领导激励而选择离开的人物故事，或许你没有听过。在此，我们来看一下。

陈平曾是项羽的谋士，因得不到重用而投靠了刘邦，他毫不客气地给了项羽一个“差评”，他说：“我曾为魏王的谋士，后来投奔到了项羽部下，随他一起入关攻破秦国，此后也多次立过功，其间我得到了一些钱物赏赐，但地位一直没有得到提升，这令我很是沮丧。”

陈平还说：“表面上，项羽非常关心士兵，有士兵生病，他会难过得掉眼泪。但是，要让他对将士们有所奖励，实在太难了。他手里拿着发给士兵的‘印鉴’（相当于公章、任命书），印鉴的角都已经磨光了，他却迟迟不肯发给士兵。在我看来，士兵得不到应该有的奖赏，那就代表项羽并不是真的对他们好。现在我已经看穿了这一点，意识到项羽的英雄本色是虚伪，觉得跟着这样的将领难成大事，所以便离开了他。”

最终，果然如陈平所说，项羽的确没有成就大事业，最终败给了刘邦。

看得出，项羽正是由于忽视下属的成绩，不舍得用奖赏的方式来激励手下士兵，同时又吝惜激励之词，陈平等人因此受到了打击，工作热情荡然无存，最终导致众叛亲离，身边的人才和士兵纷纷弃他而去，这不能不说是他管理上的一个大漏洞。

所以，在对员工的管理工作当中，万万不能忽视或低估激励管理。著名管理顾问鲍勃·尼尔森就曾提出过这样一个理论：“未来管理学的重要趋势之一，是管理者要设法以更有效的方法，激发员工士气，间接引爆员工潜力，创造企业最高效益。”

优秀的帅才都是重视激励管理，善于激励下属的人，他们会及时给下属相应的激励，无论是高薪、奖金等物质激励，还是表扬、赞美等精神激励，充分调动下属的工作积极性，全身心地投入到工作中来，进而确保团队实现既定目标，推动团队发展。

玛丽·凯被报刊称为“娇小女人”、“像木兰花一样好看可爱的女人”，但她同时也是一位成功的女老板，她就是著名化妆品品牌玫琳凯的创始人，化妆品行业中的佼佼者。玛丽·凯的成功与个人努力分不开，也与激励管理密不可分，在这一点上她堪称典范。

为了激励公司推销员搞好推销，玛丽·凯规定：凡连续三个月推销3000美元产品的推销员，可以获得一辆乳白色的“奥兹莫比尔”轿车。诸如此类的奖品随着推销产量的增加而逐级增加，一直到一等奖是一辆粉红色的“凯迪拉克”轿车，头奖则是一个镶着钻石的黄金制作的黄蜂，并且在隆重的“美国小姐”加冕仪式上颁发。这些奖励是真正的重奖，它们不但价值连城，而且与崇高的荣誉连在一起，这无疑大大刺激了推销员的积极性，玛丽·凯化妆品公司的销量与日俱增。

在公司管理中，只要是员工自觉参与的工作或活动，都能得到玛丽·凯发自内心的支持，这也是玛丽·凯公司的文化之一。在这种激励下，员工们纷纷参与到公司发展、建设和管理的各项活动之中，士气高昂。多年来，玛丽·凯公司开发了成百上千种新产品和新服务，而其中绝大多数的信息源以及最初设想都来源于员工的建议。

无论是给予奥兹莫比尔、凯迪拉克和金黄蜂，还是给予精神上的支持……玛丽·凯的激励管理令人备受鼓舞，员工们怎能不用心做事，怎能吝啬付出？结果，这形成了一种人人力争上游、争先恐后立功的良好局面，创造出色的业绩也就是情理之中了。

注意，激励一定要及时，只要发现在工作上做得正确或者做得优秀的人，就该尽量在第一时间内给予激励。

美国福克斯公司刚成立时，急需一项性命攸关的技术改造。一天深夜，一位科学家想出了一个能解决问题的方案并闯进了总裁的办公室。总裁听后觉得这个主意非常妙，想马上奖励这位科学家，但是环视四周，发现手边没什么有价值的东西，他弯下腰翻遍了办公桌的所有抽屉，终于找到了一样东西。

总裁抱歉地笑了笑，躬身对那位科学家说："为了感谢你的贡献，我把这个奖给你，这是我现在能拿得出的唯一奖酬了。"科学家一看，总裁手上拿的竟是一只香蕉，不过他还是很高兴地接受了这个特殊的奖酬。

从此以后，美国福克斯公司将香蕉演化成小小的"金香蕉"形别针，作为公司对做出重大科学成就的员工的最高奖赏。

可见，当下属做对了或者做好了工作，即使只是一个很小的成功，管理者如果能够立刻给予奖赏，而且明确地指出他做对了什么。这样一来，即使是很小的数额也会给他们带来一种极大的荣誉感和自豪感，进而继续保持高昂的工作热情和责任心。

的确，激励是让下属努力工作的驱动力，下属的很多行为都是因受到激励而产生的。有科学研究发现，一个人在没有受到激励时，个人能力发挥20%~30%；而在受到充分激励时，一个人的主观能动性可以最大限度地被调动起来，能力可发挥到80%~90%。

当然，激励的方式是多种多样的，最好要针对不同的人进行个别化的激励。比如，有的下属可能更希望得到更高的工资，而另一些人也许并不在乎工资，而希望有自由的休假时间。又比如，对一些工资高的下属，增加工资的吸引力可能不如授予他"金牌员工"的头衔的吸引力更大，因为这样可以使他觉得自己享有地位和受到尊重。

4. 化解矛盾，有效协调内部关系

对待“生病”的人，要有时去治疗，常常去帮助，总是去安慰。

——美国医生　特鲁多

下属之间出现矛盾，管理者应该插手吗？

这是一个既简单又复杂的问题。说它简单，是指面对下属之间的不同矛盾，该不该插手，凭借经验，每位管理者都会有一个较明确的主观判断；说它复杂，是指下属之间的矛盾多种多样，若处理得不好，就会影响到整个部门的工作效率，还会严重降低你的威信。

事实上，要实现团队的和谐，就需要加强内部管理，也就是要避免、化解下属们的冲突。一个企业的管理者，每天要处理的诸多事情中，很多就是处理人与人之间的冲突，尤其是调和下属之间的冲突。管理得好不好，这就要看你调和下属矛盾的水平高低了。

学会调和下属们的矛盾，是帅才修炼的一大关键。

某企业的老张和小杨同是一部门的市场专员，两人共同管理城区市场，不同的是，老张从事该项工作十多年了，经验丰富；小杨则是刚被分派来的大学生，初出茅庐。老张自认为自己经验丰富，每次带小杨去做市场时，他都会不断地讲解营销技巧、客户管理等基础知识，然后让小杨按照他的方式去做。开始时，小杨还能认真对待，做得有板有眼，可时间一长他就不乐意了，开始抱怨老张的方式陈旧，自己在大学里学的新方法用不上，可老张还是坚持自己的方法。结果，两人闹得很不愉快。

经理听说了这件事情后，很着急，城区市场可是保障销量的关键，可不能出任何差错，于是将老张和小杨叫到了办公室。老张委屈地说自己好心传授经验，没想到小杨不领情，小杨哀叹自己“英雄无用武之地”。“公说公有理，婆说婆有理”，经理看调解不成，于是干脆把城区市场划分为两块，让两人各管一片，三个月后看谁负责的辖区销量更好，两人还正儿八经地签定了“军令状”，写明谁做得好就按谁说的做。

在接下来的三个月里，老张利用自己的经验，依然把市场管理得规范有序。小杨也不甘下风，运用自己的一套新办法，同样也做得很优秀。三个月后一评比，各项指标不分上下，不过很明显与去年同期有了较大进步。经理高兴地说：“你们两个都很优秀，工作中有矛盾、有分歧是不可避免的，但不能影响个人感情。可以求同存异，也可以一起探讨，共同提高。你们都是我的得力助手，可不能再闹别扭了啊!”

老张和小杨都不好意思地笑了，两人之间的矛盾也涣然冰逝。

上面的这个小例子，希望对你处理下属之间的矛盾有所帮助。

作为一个帅才，必须力争使自己成为善于处理组织内部矛盾纠纷的高手。具体来说，要想做一个好的调解人，以下方法可供参考。

第一，双方情绪激动时暂不评判。

在矛盾发生时，往往当事人双方的情绪都非常激动，都希望你能立即判断出谁对谁错，解决这个矛盾。然而，此时的双方情绪激动，无论怎么处理，双方都不会完全满意，还会误认为你偏袒另一方。所以，你不妨摆摆上司的架子，让双方暂且分开，等大家冷静以后，再作打算。

这个时候，选择场合和时机很重要。记住，调解不一定在会议上进行，换作在咖啡厅、餐桌上等地方效果会更好，冲突双方能坐下来面对面地交谈。在这种较为轻松的环境里，冲突双方的情绪容易缓和，你在其中折中协调、息事宁人的难度会大大降低。

第二，先搞清楚原因再行动。

矛盾发生之后，帅才的当务之急，是迅速查明原因、过程及程度等，这样在调解的时候才能有的放矢。如果搞不清楚原因，就盲目地进行调和，往往收效甚微，搞不好还会火上浇油，弄巧成拙。

一般来说，你需要从中找出共同点和分歧点，要针对双方或一方有错误的地方，晓之以理，动之以情，耐心地说明和解释，使双方心服口服。注意，调节下属之间的矛盾时，你的立场一定要中立，必须做到不偏不倚，保持中立，偏袒只会使矛盾激化。

如果是因为无心之失或者工作上的冲突那是一回事，如果是有人恶意制造矛盾，唯恐天下不乱，就要果断地严厉处罚，甚至坚决辞退。

第三，在日常工作中巧妙安排。

下属们在工作中磕磕碰碰是在所难免的，与其在矛盾出现后再去忙着解决矛盾，不如事先就采取措施预防矛盾发生。为此，为帅者应该全面地了解每一名下属的秉性、特点，在日常工作中巧妙安排。如：对工作习惯相悖的人，要尽量少安排他们共同做事……

调解工作并不轻松，调和的办法也不能千篇一律，你还要在实际工作中根据不同的情况，采用灵活的方式来调和。请相信，只要你深入、细致地思考，慎重选择处理方式，矛盾通常都能得到妥善解决，让下属们和睦相处、精诚团结，把精力都用在工作上。

其实不只是下属与下属之间，管理者与下属之间也容易发生矛盾，以致有的下属会对你个人不服、不满而有意拆台。这时候，你该怎么办呢？你要认真地进行分析，想一想为什么会发生这种情况，是由于自己方法不当，还是下属自身有问题？若是前者，要注意改进方法；若是后者，就要认真去找原因，并有针对性地加以解决。

当然，还有一个最简单的方法，就是强调你们一些共同的价值观、目标或共同的利益，如“工作做好了，人人有奖励”“我们的目标都是让企业上市，凡事要以大局为重”等，说一些充分合理的理由，往往就能减轻下属的负面反应，防止冲突升级。

待上下级和睦相处，形成了合力，你也就称得上帅才了。

第八章

将帅之才的学习力

并非人人都能成为将帅，

一个人的领导能力是通过在其岗位上自我变革、自我超越、自我发展而来的。

要成为一个合格的将帅，就必须具备一定的学习能力，

掌握和运用新知识、新思想、新经验。

不同的是，将才重在学以长才，帅才则是学以增智。

将才修炼

1. 心无旁骛，力求掌握本领

专注、热爱、全心贯注于你所期望的事业上，必有收获。

——美国思想家　爱默生

面对诱惑多多的社会，面对竞争激烈的职场，将才是怎么取得成功的呢？相信，这是很多人都渴望知道答案的一个问题，而答案往往是多种多样的，不过有一点是可以肯定的，那就是将才做事都很专注。“专注”是什么？专注就是一种全神贯注、心无旁骛的学习力，通常也是解决做事效率低下等问题时最见效的能力之一。

杰里米·瓦里纳原本是一位看似很普通的年轻人，但只用了短短几年时间，他就成为了美国田径新生代的灵魂人物——在2004年雅典奥运会上，他获得男子400米冠军，4×400米接力冠军；在2005年世界田径锦标赛上，他获得男子400米冠军，4×400米接力冠军。而且，他是自1964年后美国第一个在400米项目上“夺牌”的白人选手。

对于自己的成功，瓦里纳给出的秘诀是墨镜。的确，在赛场上瓦里纳总是戴着一副墨镜飞奔，在很多人眼里眼镜是一种负累，但是瓦里纳却说："没关系，我一共有三十多副墨镜呢。黑色的镜片可以让我把对手都挡在视线之外，从而沉浸在自己的内心世界里，可以更专注于自己的比赛。"

迈克尔·约翰逊是目前世界上400米成绩的世界纪录的保持者，他是瓦里纳意图超越的对象，也是瓦里纳的经纪人兼生活、训练的导师，而约翰逊也只服务于瓦里纳这唯一的顾客，因为他看好瓦里纳，觉得他不普通，约翰逊说："他让我印象最深刻的一点，是那种全神贯注的能力。"

杰里米·瓦里纳戴着墨镜奔跑，只是为了让自己不分心，能全神贯注去比赛。这是瓦里纳的优势，也是他成功的关键。

还记得美国励志电影《阿甘正传》吗？它讲述了先天身体残疾，智能不足的阿甘一次次铸就生命巅峰的故事，也是专心引导成功的真实写照。无论何时何地，阿甘都铭记妈妈的忠告："专心一意做事。"在军队训练拆卸手枪的时候，那个黑人不停地说，阿甘则专注地不停地干，他把枪卸掉装好，黑人还没有卸好；赛跑时，他什么都不顾，只是不停地跑，他跑过了儿时同学的歧视，跑过了大学的足球场，成为出色的国家运动员；打乒乓球时他就只盯着球，其他什么事情也不想，结果他成了"国手"……

为什么杰里米·瓦里纳资质平平，阿甘看似愚钝，却取得了远远超过他们实际能力的成就？原因很简单，他们足够专注，能不受任何内心欲望和外界诱惑的干扰，能全身心地投入，心无旁骛地努力。由此可知，"专注"的力量有多么伟大！

古训说得好："欲多则心散，心散则志衰，志衰则思不达。"的确，在一件事上用了多少时间并不重要，重要的是你是否能专注地去做。生活中，我们会发现这样一种现象：在 1 个小时内集中精力做事，要比花 2 个小时内而分神 10 分钟或 15 分钟的效率要高。

可见，成为将才并不复杂，重要的是你能收住心，心无旁骛地做事。从很大程度上来讲，普通人活得不比将才出色，就是缺乏这种抛弃杂念、心无旁骛的专注力，经常左顾右盼，见异思迁或是四面出击，如此“欲多”、“心散”，最终只会一事无成。

所谓专注力，说白了就是一种注意力。心理学研究发现，良好的注意力是大脑进行感知、记忆、思维等认知活动的基本条件，并且人有足够的意识去控制自己的大脑，使自己尽可能在需要的时候高度集中注意力，也就是说注意力是可以培养的。

如果你渴望成为将才，那现在就开始，升级你的专注力吧!

第一，善用心理集中注意力。

阻碍注意力的一个重要因素，就是受到了胡思乱想、心有所虑等心理因素的干扰。为此，你可以在做事情前做一做深呼吸、闭目养神等，把心中的杂念排除。你也可以先做一些自己喜欢的事情，心理上获得一定的愉悦后，对接下来的事情就容易集中精力了。

当然，精力能否集中，并不完全掌握在自己手里，与各种干扰因素也有关，如周围人的打扰。这时，你要学会自我约束，一旦发现自己精力分散，要在心里马上给自己喊“停”；也可以及时对自己进行积极暗示，从无意识转入有意识的专注状态。

这里有一个成功的例子，可供参考。

几十年前，波兰有个叫玛妮雅的小女孩，她学习非常专心，因为她坚信只有学好功课才能成为一个有作为的人。但糟糕的是，她有一个十分淘气的妹妹。在她做功课时，妹妹经常在她面前唱歌、跳舞、讲笑话等，玛妮雅很想和妹妹一起玩耍，但她总会在第一时间提醒自己“不”，“我不能贪玩，不能三心二意”“我要专心写作业，作业写完了再玩也不迟”……结果，不管周围怎么吵闹，都分散不了她的注意力。

有一次，妹妹和几个小伙伴想试探玛妮雅一下。她们悄悄地在玛妮雅身后搭起几张凳子，只要玛妮雅一动，凳子就会倒下来。一分一秒地过去了，玛妮雅读完了一本书，凳子仍然竖在那儿。从此，妹妹再也不逗玛妮雅了，而且像她一样专心读书，认真学习。

玛妮雅长大后，成为一个伟大的科学家，她就是居里夫人。

第二，经常做一些相应的训练。

为了使自己的注意力更集中，不妨经常试着做一些相应的训练。这些练习简单易学，只要坚持一段时间就可明显改善和提高注意力水平。

①盯点法。盯点法是再简单不过的练习了，在公车上、办公室、家里等，你可以随时随地训练，每天盯着某个点或物体看上几分钟，可以有效地改善注意力分散的症状，培养自己的意识。

②舒尔特训练法。在一张方形卡片上画上 1cm × 1cm 的 25 个方格，格子内任意填写上阿拉伯数字 1~25 的共 25 个数字。用手指按 1~25 的顺序依次指出其位置，同时诵读出声。这个方法是世界上最专业、最普及、最简单的注意力训练法。

③调用全身感觉器官法。经常做一些手、眼、口全部动起来的训练，在这样一个调用全身感觉器官的过程中，易于抑制身心疲劳，我们的注意力会大大增加，对抗外界的干扰能力也会增强。

2. 贵在律己自省，不断实现进步

恭默深思，搜求己过，自然日新月异，到底有受用处。

——明末清初思想家 陈确

身为一位成功的领导者，你可能像大多数人一样在职业生涯初期获得过很多指导和帮助，也受到过严格的监督和批评。但随着职位越来越高，上司不再监督你的一举一动，下属虽然清楚你的工作情况，却因怕冒犯你而多半不直言，这时你会怎么办?

告诉你，将才的做法是自省。自省，乃自我反省、自我省察，这是一种学习能力。如果一个人能够严以律己，经常反思自己的思想和行为，严格地自我批评，在反省中清醒，在反省中明辨，在反省中变得睿智，不断实现进步，那么终能成为将才。

相反，如果你不能自省自律，发现不了自己存在的不足，甚至做出了错误的事情而丝毫不知。那么，你肯定就不会有什么进步，即便你再怎样标新立异，即便你再忙忙碌碌，最终也会沦为一事无成的庸俗之人。这时候，有谁愿意听从你的领导呢?!

的确如此，自省是一次检阅自己的机会，更是一次提升自己的机会。有没有自我反省的能力、具不具备自我反省的精神，决定了我们能不能认识到自己的不足，能不能不断地学到新东西。消极地逃避，还是积极地自省，将在很大程度上影响一个人的前途。

夏朝时期，大禹有个儿子叫伯启。一次，一个背叛夏朝的诸侯有扈氏率兵入侵夏朝，夏禹就派伯启作为统帅发兵抵抗。经过几轮残酷的作战后，伯启不幸战败了。他的部下非常不服气，一致要求负罪再战。

这时候，伯启说："不用再战了。我的地盘不比他们小，兵马也不比他们差，结果我竟然被打败了，这是怎么一回事呢？我想，这错一定在我身上，或许是我的品德不如敌方将领，或许是教导军队的方法有错误。从今天起，我得努力找出自身的问题所在，加以改正后再出兵不迟。"

从此以后，伯启不再讲究个人的衣食住行，立志奋发，勤政爱民，尊重并任用有贤能的人才，他的城池和军队一天天强大起来。不过几年，有扈氏得知这个情况，非但不敢再来侵犯夏朝，还甘心地投降于伯启。

这个故事提醒我们，只有律已自省，才能真正认识自己，只有真正认识了自己并付出了相应的行动，才能不断实现进步，不断完善自己。自省，这是增强个人生存实力的一条重要途径，也是每一位希望为将者和已经为将者不可或缺的一种学习力。

自省是寻找自己的"不完美"，这就犹如用锋利的手术刀解剖自己，毫无疑问这是一件痛苦的事，这也正是人们之所以不敢、不愿反省自己的主要原因。那些成功的将才也是普通人，所不同的是，他们能以非凡的勇气、强大的心灵力量正视自己。

原一平是日本保险业的"泰斗"，他在27岁时进入日本明治保险公司开始推销生涯。当时，他连中午餐都吃不起，经常露宿公园。有一天，他向一位老人推销保险，等他详细地说明之后，老人平静地说："你的介绍丝毫引不起我投保的意愿。”

原一平哑口无言，老人解释道：“年轻人，你知不知道自己的不足之处在哪里呢？赤裸裸地注视自己，毫无保留地彻底反省，发现自己的不足吧。如果做不到这一点，你将来就不会有什么前途可言……”

原一平接受了老人的教诲，他策划了一个“批评原一平”的集会，目的是周围的家人、朋友、同事等指出自己的缺点。“你的个性太急躁了，常常沉不住气”“你有些自以为是，往往听不进别人的意见”“你欠缺丰富的知识，必须加强进修”……原一平把大家提出的宝贵意见都一一记下来，每天晚上8点进行反省。

随着反省的定期进行，原一平发觉自己就像一条蚕正在“蜕变”，每天都感觉自己就像获得了新生一样。到了1959年，他的销售业绩荣膺全日本之最，并连续15年保持全日本销售量第一的好成绩，被称为日本“保险行销之神”、日本最伟大的推销员。谈及自己的成功，原一平这样总结道：“如果每个人都能把自我反省提前几十年，便有50%的人可能让自己成为一名了不起的人。”

原一平的成功，关键在于他有自省的能力和勇气，也就是能客观公正地审查自己，不留情面地剖析自己，他还热烈欢迎别人批评自己，更重要的是他会尝试着去改正、去改变。通过这种不断的努力，他的个人魅力和工作能力均得到提高，一步步趋于完美。

“君子博学而日参省乎已，则知明之行无过矣”，一个将才，只有不断地完善自己，敢于时刻面对自己，自省鞭策，使自己在不断的探索中获得进步，在不断的改过中得以提升，才有资格去要求下属，才能促使下属律己自省，创造出一个精英团队。

具体来说，将才的自省包括以下几点。

第一，对工作进行评估。

回顾自己近期的所说、所为、所想，作出自我判断，即明辨是对还是错，是妥还是不妥，是该还是不该，是有价值还是没价值，尽责了没有，效果如何，如“我哪些事情处理得不够好，需要做出哪方面的改进?”“我现在为人处世的方式是否够机智、够圆熟?”“我是不是需要突破一些思维定式”“下属们对我的工作是否认可”……

第二，自省领导方式。

成功的将才会形成一种既能适应公司需要，又符合自己信念和个性的领导风格。要想成为将才，你需要自省你的领导方式，如“我对自己的领导风格是否满意？它是否真正反映出我是怎样的一个人？我是充分表明自己的立场，还是踌躇不定?”……

成功的将才并不追求永不犯错，而是设法发现自己工作上的偏差，并尽快回到正轨上。每隔一段时间就放下手头繁忙的事务，静下心来想一下这些关键问题。坚持这样做下去，如此，你肯定会不断实现进步的，最终成为一名优秀的大将式人物。

帅才修炼

1. 海纳百川，见贤而思齐

当我们是大为谦卑的时候，便是我们最近于伟大的时候。

——印度诗人　泰戈尔

你是帅才吗？你想成为帅才吗？

在回答这一问题前，你得先问问自己——你够谦逊吗？

什么是谦逊？“三人行，必有我师焉！”“海纳百川，见贤而思齐”，就是谦逊。在现代人看来，帅才不必或不应谦逊，认为它会有失自己的身份，妨碍实现宏伟的目标。而实际上，谦逊有着令人难以置信的力量，毕竟谦逊不是去否定自己，而是尊重别人。

试想，如果一个领导总是高高在上，趾高气扬地出现在大众面前，这绝对不是个好形象，员工就会对你敬而远之；如果你总是目中无人，把别人看得很低，别人也不会把你放在眼里。这时，即使你有能力，也没人支持与配合，你又能做成什么呢？

而谦逊一点就不一样了，当一个人身居高位，却以谦虚待人，以礼貌敬人，虚怀若谷，那么往往会让下属感受到亲切、温暖、友好，使下属心服口服外加佩服。如此，也就得到了人才，得到了拥护，工作自然也就能够顺利开展，持续地创造惊人业绩。

古语说："地低成海，人低成王。"世间万事万物皆起于低，成之于低，通此道者能成为大智之人。更何况，古曰"谦受益，满招损"，人生无止境，事业无止境，知识无止境，向"贤"看齐，向"贤"学习，可以取"贤"之长补己之短，完善自己。

这里有一个小故事。

很久以前，一个小有成就，但心气颇高的学者，前往深山中拜访一位隐居的智者。学者自认为自己各方面的造诣很深，言谈之间流露出对智者的傲慢无礼，不但在智者的讲话中不停地插话，甚至轻蔑地说："哦，这个我早就知道了。"

智者没有停下来指责学者的出言不逊，他只是停了下来，拿起茶壶再次为学者倒茶，尽管茶杯里的茶还剩下八分满，智者却没有停下来，只是不断在茶杯中倒水，直到茶水从杯中溢出，流得满桌都是。

学者见状，连忙提醒他："老人家，杯子里的水已经满了，您为什么还要往里倒水呢？"

这位学者说："别倒了，杯子已经满了，根本装不下了。"

智者听了放下茶壶，不温不火地说："是啊！如果你不先把原来的茶水倒掉，又怎么能品尝到我现在给你倒的茶呢？"

听罢，学者大悟。

这个故事告诉我们：山外有山，天外有天，人外有人，谁也不可能是一个全知全能的“万事通”，谁也不能保证自己所学的知识一辈子够用，这就更需要我们克服刚愎自用、自以为是的毛病，用一颗谦虚的心对待别人，谦虚有礼，见贤思齐，不耻下问。

所以，作为一名统领团队的帅才，要想得到别人的尊敬和支持，必须做到力戒骄傲自满、言过其实，把自己放在较低的位置上。同时，你或许很有天赋和能力，但是要想成为一名合格的帅才，光有这些还不行，你还必须把你的才智与谦逊结合起来。

比尔·盖茨是美国微软公司的前董事长，他带领自己的团队创造了IT业界一个又一个神话，多次蝉联世界首富的宝座。但比尔·盖茨并没有因此自傲，他经常会放下自己的地位，不耻下问，虚心向他人请教。关于他，就流传着这样一些小故事。

作为董事长，比尔·盖茨有自己的助理来帮助自己准备各种讲稿，他只要照着讲就可以了。但每次演讲前，比尔·盖茨都会仔细批注并认真地准备和练习讲稿。而且，每次演讲完，他都会下来和助理交流，问他：“我今天哪里讲得好，哪里讲得不好？”并且他还会拿个本子认真地记下来自己哪里做错了，以便下次更正和提高。

有一次，比尔·盖茨在公司演讲时，在众多喝彩声中，他听到有个员工说了一句“不好”。下台后，比尔·盖茨专门找到了这位员工，恭恭敬敬地说道：“我听到你说不好，想必你有自己独到的高见。在这里，我恭请赐教，期望能够亡羊补牢……”

当一个人事业上如此成功，却还能这么谦虚有礼，还能放低姿态向下属请教，这是非常难得的一种学习力。比尔·盖茨之所以能成为全世界知名的大企业家，人们佩服他在经济上的造诣，更重要的是有这份宝贵的谦逊在背后支撑，并为众人所敬仰。

一个人的体验是有限的，重要的是应通过向多数人学习，接受多数人的影响，获得多方面的体验。大凡成功的帅才都具有很强的学习能力，而一个成功的帅才往往不是一开始即具备非凡能力的，而是不断地向他人学习，吸取别人的长处，在学习过程中一步步完善和发展自身才能的，所谓“成功是经验的积累”便是这个意思。

谦逊首先表现在语言上，你的话语要以缓和的语气开始，不要针锋相对，不要炫耀自己的知识和才能，并尽量从别人的话题切入。这表示你要创造一个中立的、可靠的气氛，让大家放弃对立情绪。以下是一些缓和语气的句子，正确地使用将使你受益匪浅。

我的看法与你相同，但是……

你的论点很好，是否介意我提一个问题……

那一点我根本没有想到。如果可以，我问一下……

我很乐意回答那个问题，你能不能帮我说明一下……

看看本杰明·富兰克林的自传就会知道，富兰克林也是谦逊做人的典范。他曾说过一段话：“我立下一条规矩，绝不正面反对别人的意思，也不让自己武断，我甚至不用那些代表绝对的词和表达方法，比如肯定、毋庸置疑等，取而代之的是我感觉、我理解、我想。当别人做出我认为错误的断言，我不会马上反驳，而是对他说，在某种情况或环境下，他的说法可能是正确的，但现在的情况不是这样。这种做法让我尝到了甜头，我参与的谈话都变得很愉快，我以谦逊的态度提出的意见让人很容易接受……”

谦逊其次表现在态度上，为帅者虽然身居要职，但必须对自己的权威有透彻的认识，更要认识到自身所承担的这份职责，要及时收起自己的妄自尊大，随时从成绩的顶峰上走下来，将心里的杯子倒空，将自己作为团队一员融合群体之中，放下身份学习。见贤而思齐，当你的能力越来越强时，无论你走到哪里，都能引来别人的追随！

谦逊还表现在重用那些才能出众而锋芒毕露的人，切不可重蹈“叶公好龙”的复辙。有些领导喜欢招贤纳才，但一旦使用起人才来又担心功高盖主而妒贤嫉能，迫害人才，这是万万要不得的，往往会影响自己的事业发展，也会严重影响你的个人形象。

楚汉相争，刘邦之所以能够战胜项羽，关键在于他善于容人用人，重用了谋士张良、大将韩信、丞相萧何而取天下。而袁绍恰恰相反，他意害谋士田丰。“官渡一战 ”大败，他领悟到田丰比自己高明，“吾不用田丰呆为人所笑”，不但不见贤思过，反而下令谋杀田丰于狱中。可见，一个人能善于与比自己聪明的人合作实属不易。

记住，山不解释自己的高度，并不影响它耸立云端；海不解释自己的深度，并不影响它容纳百川；地不解释自己的厚度，但没有谁能取代它作为万物的根基……忍住狂妄之心，海纳百川，见贤思齐，这将带领你追求更大的成功，最终取得辉煌成就。

2. 永远以激发潜力为目的

人的所有的改变，都是潜意识的改变。

——美国潜能开发大师　安东尼·罗宾

帅才是在范围更大、更广的区域里最终做出大成绩的人才。为什么呢？这就涉及了“潜能”问题，帅才开发了自身无穷无尽的潜能。

潜能，顾名思义，就是潜在的能量。每个人都有无限的潜力存在，但大多数人只发挥了不到10%，剩下90%以上的潜力则被深藏起来。如果潜能得不到开发，那它就会一直处于休眠状态，使得人们难以察觉它的所在，更无法使用，取得的成就也就有限。

摩西老母的故事，你听过吗？

摩西老母是一位普普通通的美国妇女，也是某一公司的一名小职员。摩西老母很努力，很上进，在各方面做得还不错，但也称不上成功。然而，在83岁时，一次她在公交站牌等朋友，久等不到，她闲来无聊，便顺手抓起一支笔，在随身携带的本子上乱画。谁知，几分钟后，她竟然画出了一幅绝妙的画，由此她发现了自己的潜能，最终成为了大画家。

摩西老母的绘画天才绝不是八十多岁时突然具有的，很可能早在几十年前她就已经具备了，可惜她没有使用，结果连自己都不知道。可以想象，如果摩西老母早些发现自己潜在的艺术才能，她一定会成为大有作为的艺术家，而非平平淡淡地过了一生。

相信，谁都不希望自己像摩西老母一样，而是希望更早取得更大更多的成功吧？

怎么办呢？很简单，永远以激发潜力为目的。

事实上，任何人不论你聪明才智的高低，成功背景的好坏，也不论你的愿望多么的高不可攀，只要你掌握了潜能开发的方法，多给自己一点刺激，多一分胆略和毅力，就有可能使自己身上处于休眠状态的潜能发挥出来，创造出连自己也吃惊的成功来。

一些人之所以能为帅，正是因为此。

潜能的开发并不复杂，只要不懈地去动脑，这就需要你处于一种学习的良好状态，平时学习更多的东西，努力开拓自己的视野，并持之以恒地进行探索和追求。只有在相关的知识很丰富，又能运用崭新的视角看问题时，相关的潜力才有可能被激发出来。

常听有些人说："我很笨，脑子不好使，手脚也不灵，我不可能是帅才。"有的人一心想为帅，但在壮志未酬时，会干脆放弃上进的努力，甘居下游……其实，即便你现在再多么失意，你也并非与帅才绝对无缘，因为你还有成功最大的资本——潜能！

潜力无极限，再努力一点，你总会成功的。

第九章 将帅之才的决策力

决策是将帅工作的核心，也是将帅的主要职责。决策是什么？
简单地说，就是做什么？怎么做？做正确的事，正确地做事。
不同的是，将才重在指引方向，帅才则看重宏观调控；
将才习惯审时度势，帅才则擅长创造态势……
明白了其间的不同之处，你就有可能选对要走的路了。

将才修炼

1. 指引方向，为团队设立明确目标

只要方向是正确的，路永远都是直的。

——民间俗语

在团队建设中，有人做过一个调查，问团队成员最需要团队领导做什么？70%以上的人回答——希望团队领导指明目标或方向；而问团队领导最需要团队成员做什么，几乎80%的人回答——希望团队成员朝着目标前进。可见，目标在团队建设中的重要性。

对于团队目标，有人说："没有目标的行动只能是一种梦想，没有目标的行动只能是一种苦役。"的确，没有谁愿意跟随一个没有前进目标的领导，也没有谁愿意在一个没有发展目标的企业中工作。因为没有目标的未来，相当于没有方向的征途。

如果你不相信，我们不妨先来看一个故事。

一队毛毛虫在树上排成长长的队伍前进，有一只带头，其余的依次跟进，一旦带头的找到食物，停了下来，它们就开始享受美味。有一个调皮的小孩

子对这个现象非常感兴趣，于是他将这一组毛毛虫放在一个大花盆的盆沿上，使它们首尾相接，排成一个圆形，带头的那只毛毛虫也排在队伍中。随后，小孩又在队伍旁边摆放了一些毛毛虫喜爱吃的食物。

这时，那些毛毛虫开始移动，它们像一个长长的游行队伍，没有头，也没有尾。小孩原本以为，毛毛虫会很快厌倦这种毫无用处的爬行而转向食物。可是，出乎预料之外，那只带头的毛毛虫一直跟着前面毛毛虫的尾部，它失去了目标。就这样，这组毛毛虫沿着花盆边沿爬了七天七夜，而没有注意到附近的食物，最后导致饿死。

仔细想想，现实中不少人不正像这些毛毛虫一样吗？他们聪明、智慧、有活力、有激情，可就是没有明确的目标，由于没有目标的指引，他们失去了人生前进的方向，时而向东，时而向西，把自己的精力和智慧浪费在了没有意义的横冲直撞之中。

所以，不论你是经营小店铺，还是领导大企业，在面对团队成员时，你都需要这样的决策力——要明确提出公司及团队的目标，让大家都怀有共同的梦想和希望。如果你能够通过“目标”有效地协调不同个人的行为，你也就可以称得上是将才了。

三星集团，是韩国最大的企业集团。在公司建立之初，三星的创始人李秉喆先生就提出了“我坚信，我们完全可以成为世界公认的领导者之一”的理念，并且向每一位三星的员工宣讲。在许多三星人看来，三星所做的不懈尽力，为的就是这个目标。在后来的工作中，三星的整个工厂和每一个员工都紧紧抓住质量与创新来满足消费者需求。就这样，三星的发展迅速，成为了韩国知名的民族企业。

1987 年 11 月李秉喆去世，他的儿子李健熙接任成为集团新的 CEO。一上任，李健熙就宣布集团的“二次创业”，他提出，“我们的目标是，到 2005 年，争取数字电视、IMT2000 和打印机等成为世界第一的产品，力争使多种产品成为全球市场占有率第一。”为此，他提倡员工们制作工作图表，与一个星期以前的、一年以前的成果和今天的成果进行比较，进而激励自己为达成目标而积极向上，持续不断地努力。2004 年，三星率先实现了李健熙的愿望，近 20 种产品在全球市占率拿到第一。

面对良好的发展势头，李健熙没有沾沾自喜，相反他保持着清醒的认识，进一步确立了 2006 年赶超日立、西部数据，取得市场第二的目标，又提出了在“Wow（惊叹）、Simple（简单）和 Inclusive（亲和力）”的品牌理念。从此，三星展开了一个全球范围的品牌推广活动，目前它已是全球第一大手机生产商、全球营收最大的电子企业。

由于李秉喆和李健熙父子的坚持不懈，他们所规划的每一个变革都得到了实施，这绝对是三星成功的重要因素。我们不难发现这样一个真理：一个人获得成功，从确定一个目标开始；一个通往成功的目标往往会带来一条为你量身定做的成功之路。

我们必须做什么？我们该怎么做？这就是决策的意义。一般情况下，大多数人在进行团队建设时，可能觉得为团队确定目标还是相对比较容易的，但是建立一个正确的、明确的，而且能令下属们兴奋起来的“目标”，往往就不是那么容易的事情了。

在这里，为将者必须把握两个要点。

第一，重视下属的不同心态。

先来看一个寓言故事。

一条猎狗跟随主人去森林里打猎，途中追赶一只兔子。猎狗一直追赶兔子，但追了很久仍没有抓到。主人看到此种情景，讥笑猎狗说："你居然还没有一只兔子跑得快啊。"猎狗回答说："我们两个跑是完全不同的！我仅仅为了一餐饮而跑，而它却是为了性命而跑呀。"

这个寓言揭示了一个道理：在团队管理中，不同角色的成员的目标是不一致的。目标不一致，导致动力也会不一样，这就会出现不同的工作状态。例如，项目主管直接承担项目责任，往往会保质保量地完成项目目标；项目成员可能是打工心态，我干一天你要支付我一天的工资，往往就会事情能少做就少做，消极怠工……

因此，为将者在制定目标时要善于发现不同下属的不同心态、基本价值观差异，理解他们的需求等。通过这些分析，获得在团队成员之间形成共同的信念和一致的对团队目标的看法，这样才能让团队成员同心同德，为达到共同的目标而齐心努力。

第二，目标要切实可行。

团队目标的设立一定要切实可行，讲究科学性，目标定得太高，大部分的下属们很难做到，老是冲不上去，他们就会觉得不太现实，这样容易打击大家的士气；目标定得太低，谁都能够做到，这又很难起到激励人的目的，一般不会让下属产生工作的激情。

怎么做呢？研究表明，最佳的目标是具有一定难度的目标，既能激发和拓展人的能力，又是通过努力可以达到的。当人们面对一定的困难和挑战，将会比一般付出的努力多得多。有一定难度的目标，能持久地激励人们坚持实现目标，而不是放弃努力或满足现状。

例如，美国的波音公司曾经确立过一个“6年内降低成本30%”的目标，在制定这项目标之前，决策者通过研究发现“降低成本30%”具有一定的挑战性，但他们又通过其他公司的类似试验确认了“6年内降低成本30%”是可行的，之后才确定了这一目标。

2. 正确的决策来自于众人的智慧

一个正确的决策，往往来自于众人的智慧。

——美国社会学家 T.戴伊

决策，是为将者的一项重要工作。众所周知，决策与企业的每一位成员密切相关，直接影响到下属们的利益，决定基层工作的好坏。所以，为将者在做决策时一定要慎重，且不可把决策当成是自己一个人的权力，一个人就可以拍板，就可以说了算。

现实生活中，不乏一些独断专行、拍板定案的领导，他们往往把别人的意见当作是对他们的权威的挑战和对他们的权力的干涉。虽然凭借自己的决策力，也许他们也可以做出科学的、明智的决策，但往往会造成只听从一人、万马齐喑的糟糕局面。

中国有言“三个臭皮匠，顶个诸葛亮”。决策绝不是为将者的专利，而应该分享给企业的每一个人，鼓励所有员工参与思考，这是一种民主体现，往往会赢得下属的心。而且集合众人的智慧和意见，取其精华弃其糟粕后，做出的决策往往会更正确、更科学。

在生活中，几乎每个人都有过这样的体会：当一个人独自研究一个问题时，可能思考了五次，还是同一个思考模式。如果拿到集体中去研究，从他人的发言中，也许一次就可以完成自己五次才完成的思考，并且他人的想法还会使自己产生新的联想。

楚襄王做太子时曾在齐国做人质，父亲怀王死了，他趁机向齐王提出要回楚国。齐王提出只有割让楚国东地500里，才放他回去。无奈之下，楚襄王答应了下来以做缓兵之计，他回到楚国后，即位为王。这时，齐国立即派人来楚国跟楚襄王索取东地500里。

楚襄王心想："我能够回到楚国来办父亲的丧事，又能和群臣再次见面，使国家恢复正常，是因为我答应了给齐国割让东地500里。现在齐国派使臣办理交接手续，这可怎么办呢?"他想了一会儿，不知对策，便将情况说给了诸位大臣，请求大家各抒己见，以求对策。

昭常说："不能给。所谓万乘大国，是因为土地的广博才成为万乘大国的。如果要割让东地500里，这是割让了楚国的一半啊！这样楚国虽有万乘之名，却无万乘之实了。所以我说不能给，我愿坚守东地。"

"我觉得应该割地，"上柱国子良说，"大王不能不给，您说话一字千金，既然亲口答应了万乘的强齐，却又不肯割地，这就失去了信用，将来您很难和诸侯各国谈判结盟。"

景鲤说："不能给。不过，既然您亲口答应了强齐，现在又不给割地，齐王必定会恼羞成怒，率兵前来讨伐。以楚国目前的实力，恐怕不能单独守住东地，我愿去求救于秦国。"

楚襄王听了大家的意见后，斟酌再三，说道："我认为子良、昭常和景鲤的意见都好，但不知究竟哪个更好，我决定一并采用。"请看他是怎么做的吧，先派遣上柱国子良带上兵车50辆，到齐国去进献东地500里；在派遣子良的第二天，任命昭常为大司马，要他去守卫东地；在派遣昭常的第二天，派景鲤带领战车50辆，往西去秦国求救。”

结果怎样呢？子良到了齐国进献东地500里，齐王接受了这500里，却见昭常的人马在守卫东地。昭常宣称誓不让出土地，齐王大怒，便大举进攻东地，讨伐昭常。当大军还未到达东地边界时，秦国已经派了50万大军进逼齐国的西境。齐王害怕了，便请求子良去告诉楚国，退回东地500里，两国讲和，从而解除了齐国的战祸。

面临齐国的胁迫和强横，楚襄王由于集思广益，几乎采纳了所有人的观点，并在整体上将各观点进行了排列组合，最终维护了国家的安全。这样的决策功夫实在是妙，值得每一位渴望成为将才的人学习。之所以这样说，是因为再高明、再智慧的人，也不可能全知全能，也不能单靠自己就能制订出一整套干大事业的行动方针。

所以，作为将才，决策时一定要听取下属提出的正面的、反面的、高明的、平常的建议和策略。每个人有不同的立场、角度和思路，让每个人献计献策、畅说欲言，然后认真地思考分析，再将众人的观点集合起来，进行归纳和整理，往往得出的就是良策了。

在这个问题上，美国通用公司的总裁杰克·韦尔奇曾说：“企业的每一个人都应当对他的领域负起责任，而不是只等CEO的发号施令。如果所有的想法都来自CEO，CEO告诉每一个人如何做每一件事的话，这样的企业就很难取得较为长远的发展。”

通用电气公司的产品种类繁多，自1878年创立后，发展迅速，一度是世界上最大的电气设备制造企业。但到了1980年，这个企业的发展却到了山穷水尽，难以维持的境地。就在这个危急关口，年仅44岁，出身于一个火车司机家庭的杰克·韦尔奇上任为董事长和总裁。

上任后，杰克·韦尔奇进行了一系列改革，其中最重要的一条就是宣布——“通用电气公司是一家没有界限的企业，每一位员工要毫无保留地发表自己的意见和建议。”为了实践这种“集思广益”的企业文化，讨论会成为了通用电气公司一种日常性的活动，随时都可以根据需要举行，参与人员也从员工扩大到顾客、用户和供应商。而且，平时在工作中很少有机会接触的不同岗位、不同阶层的职员，在这些会场很快针对某些问题研究提出了不同的建议和要求，又当场在可供选择的方案中进行利弊比较，选择最优方案来加以实施。

对此，杰克·韦尔奇说：“通用制作发动机、电影，生产医疗设备，制造塑料产品等产品，大家想一想，在这么多的领域，如果让我来告诉大家怎么做发动机，怎么做塑料产品，怎么制作电影，做出来的产品一定特别滥，所以这些产品卖不动了。也因为此，我一定要用集思广益来促进新思想和创造力的出现，事实会证明这一策略很奏效。”

果然，“集思广益”的讨论会让员工广泛参与管理，他们感到自己的观点开始备受重视了，智慧的火花不断地迸发，带来了明显的工作效益。也正是这种“集思广益”的活动，推动着企业的高层管理者必须更多地去放权，更多地去行动，更多地去听取意见。他们必须信任别人，也必须被别人所信任。虽然这并不十分容易，但很快，通用电气公司便走出了困局，总产值占美国电工行业全部产值的四分之一左右。

集中众人的智慧，遍采众人的长处，方可成事。

你是将才吗？你想成为将才吗？那么，请更多地去倾听吧。

3. 对可能出现的危机有充分准备

危机无处不在，现代企业离不开危机管理。一个伟大的企业，对待成就永远都要战战兢兢，如履薄冰。

——海尔集团董事局主席　张瑞敏

无论是个人还是组织，在发展过程中不可避免地会出现或存在很多危机，而这些危机能否及时得到解决起着决定生死存亡的作用。对于一个将才来说，就要对可能出现的危机有充分准备，及时制订应对的决策，做到防患于未然，保证能将危机解决掉。

不过，危机并不总以显性的面目出现，更多的时候是潜藏在你周围的，而且不知道什么时候就会出来攻击你。如果你对这些潜在的危机视而不见，那么，当危机突然出现时，你很难在短时间内做出正确的决策，往往使小问题变成大问题，功败垂成。

美国康乃大学曾经作过一个有名的“青蛙试验”。

在试验中，试验人员把一只活蹦乱跳的青蛙投入热水锅中，青蛙马上就感到了危险，立即一纵跳出了锅子。试验人员又把该青蛙投入冷水锅中，然后开始慢慢加热。水刚刚温时，青蛙优哉游哉，毫无戒备。一段时间以后，锅里水的温度逐渐升高，而青蛙在缓慢的变化中却没有感到危险，最后这只青蛙竟活活地给煮死了。

青蛙没有死于沸水，而是灭于温水的情况不仅发生在动物界，类似的情况也常常发生在我们人类身上。

例如，在美国家乐食品公司身上就曾发生过这样的失败事例。

家乐食品公司首创的早餐麦片，在当时的美国引发了一场消费麦片的社会潮流。其后，家乐公司以它的质量保证、供货稳定，在美国市场傲视同行长达20多年，其地位无人匹敌。到了20世纪70年代末，人们不再仅仅满足于单一口味的麦片，但家乐公司却没有注意到这种变化，也没有采取措施来应对这种新形势。而这时家乐的竞争对手通用食品公司却立即进行了充分的市场分析，了解了新的消费群、新的消费口味，并有针对性地推出了多口味、多品种、多类型的价格便宜的麦片。这给家乐公司猝不及防的迅猛一击，在毫无准备的情况下，家乐公司的市场占有率从过去的80%以上急剧下降到38%，导致公司在营销、财政等方面深陷危机。

“蛙死温水”的现象和上面的例子道出了缺少危机感的危害性，说明了在一种渐变的环境中，如果你不能保持清醒的头脑和敏锐的危机感，当你感到环境的变化已使你不得不有所行动时，行动的最佳时机早已错过，等待你的只是悲哀、遗憾和无法估计的损失。

“预防是解决危机的最好方法”，这是英国著名的危机管理专家迈克尔·里杰斯特的一句名言。从某种意义上说，这句话足以成为为将者在面对危机时所须遵循的道理——防患于未然，未雨绸缪，超前预防，这是处理危机最简单、最快捷、最见效的决策。

是的，大多时候危机的变化是渐进的，一年一年地、一月一月地、一日一日地、一时一时地、一分一分地、一秒一秒地渐进，犹如从很缓的斜坡走下来，慢得不易让人感知和察觉，做到“未雨绸缪”并不是一件容易的事。但越是这样越可怕，越需要你提高警惕。

危机是客观存在的，是不好控制的事，而对其的预防却是主观能动的，是决策者完全可以掌控的。如何成功地处理危机，如何对危机有所准备，这是为将者必须具备的一项决策能力。你是不是将才，就看你是否有危机意识，能否做到防患于未然。

前微软董事长比尔·盖茨就是一个危机感很强的人，当微软利润超过20%的时候，他强调利润可能会下降；当利润达到22%时，他还是说会下降；当成为世界第一的电脑产家时，他仍然说会下降。他总是告诫他的员工：“不论产品多棒，我们的公司离破产永远只差18个月。”这种危机意识正是比尔·盖茨成功、微软发展的原动力。

作为一个企业的掌舵人，为将者要带领企业在得失的激流中顺利航行，当危机出现时，一定要能舍弃掉自己的惧怕，以沉稳的性格有效把控时局，站在长远的角度对问题进行看待和处理，最终以企业的顺利发展，作为自己管理水平的最好证明。

不过，预防危机有一定的难度，因为危机的先兆可能很细小，非常容易被忽略；也可能看似与自身没有关联，非常容易被漠视。所以，为将者还要学会科学分析，做出事前预测和判断，从而将危机控制在酝酿、萌芽状态，在不被人察觉中将危机化解。

20世纪70年代，中东地区发生了政治动荡。面对这一个情况，日本汽车行业立即做出了生产小体积、省油的汽车，以占领美国市场的决策。当时大部分的美国人都喜欢大体积的车型，很多人认为日本汽车行业的这一决策是昏了头了，绝对是不明智的。

结果，中东地区的政治动荡发展为了战争，世界范围内的石油供给出现了短缺，油价很快从每桶 18 美元猛增为 32 美元。后来，油价一直没有明显下降的趋势，为了节约用油开支，美国公众急需体积小又省油的汽车，结果日本汽车在美国一路畅销，迅速地占领了美国市场。

在进行决策的过程中，一个优秀的将才会时刻提醒自己：要有危机感，要居安思危。他们往往能站在全局的高度，当周围的各种事物发生变化时，会敏锐地进行察知，然后根据事物的变化进行具体分析，然后果断又及时地做出相应的决策，进而立于不败之地。

或者可以说，外界的危机并不可怕，可怕的是对危机的麻木不仁和茫然无知，不去做任何应对的准备。身为将者，就应该树立未雨绸缪的意识，对可能发生危机的各个领域和环节做出事先预测和分析，且对各种变化做出快速的反应，这尤为重要。

4. 关注动态，把握市场“风向标”

顺应趋势，花全部的时间研究市场的正确趋势，如果保持一致，利润就会滚滚而来！

——美国投资师　威廉•江恩

据说，20 世纪二三十年代，英国乡村有一套牛奶配送系统，将牛奶送到顾客门口，不封口。这时候，附近的山雀与知更鸟常常毫不费力地在顾客开门收取牛奶前先一步享用。

后来，为了防止牛奶被鸟儿偷喝，牛奶公司把奶瓶瓶口用铝箔封装起来，山雀和知更鸟便不再拥有这“免费早餐”。但到了50年代初期，当地的所有山雀居然都学会了啄开铝制瓶盖，继续喝它们喜爱的牛奶。反观知更鸟却没有学习啄开铝箔的本领，也就再也没有喝到牛奶了。

动物的生存状况如此，一个企业、一个人的生存发展道理也是一样的。时代在发展，社会在进步，每个行业都有自身发展的规律，在不同的经济时期，为将者要不断地进行学习，根据行业的发展趋势做出相应的调整，使自身及企业赶上时代的步伐。

相反，如果一家企业、一个人像知更鸟一样，不注意观察周围的环境和自己的处境。环境已经变化了，而你没有及时地调整自己的决策，墨守成规，亦步亦趋，那么即使你拥有万般才能，也会“逆水行舟，不进则退”，必将难以避免失败的结局。

我们来看一个历史上的典型事例。

秦朝末年出现的楚汉相争，最后关头，韩信成了一个有着十分特殊地位的人物。用项羽的说客武涉的话来说，就是“当今二王之事，权在足下。足下右投则汉王胜，左投则项王胜”。用齐国辩士蒯通的话说，是“当今二王之命悬于足下。足下为汉则汉胜，为楚则楚胜”。显然，韩信已成为刘、项之外的第三种力量。因此，武涉和蒯通达成了一致意见，那就是韩信应该取中立态度，谁也不帮，而是与刘邦、项羽三分天下，鼎足而立。

然而，韩信并不具备孙权那样的魄力，他总是犹疑不定，直到最后也没能下定背叛刘邦的决心。他总觉得刘邦对自己有恩，自己怎么忍心背叛人家呢。韩信对项羽的说客说："当初我侍奉项王，官不过郎中，位不过执戟，言不听，计不从，这才背楚归汉。汉王授我大将军印，给我数十万兵，脱下自己的衣服给我穿，省下自己的饭菜给我吃，言听计从，这才有了我韩信的今天。一个人这样信任我，我背叛他。不吉祥啊！"

当然，韩信内心里还保留着一丝侥幸，他认为自己对汉有功，怎么也不会落得个兔死狗烹的地步。可事实却向人们证明了韩信愚忠的下场，人们称之为妇人之仁。正是这种"妇人之仁"致使韩信惨遭被刘邦、吕后杀害的厄运。

其实，韩信获此结局，完全可归责于他本人。对于当时的利害关系，他不是去仔细地分析和思考，而是心心念念想着忠实于刘邦。可当时以韩信的功绩来讲，刘邦已经将其视为自己的威胁。正所谓"功高盖主"，哪个皇帝也不能忍受臣子的功劳达到危及自己地位的程度。虽说韩信没有任何"越轨"迹象，但刘邦的心里却早已将他视为肉中之刺了。换言之，如果韩信不离刘邦远远的，那他早晚得死于刘邦之手。

可见，一个对事物缺乏审时度势眼光的人，很容易被眼前的局势所蒙蔽。

有一句话说："不识势，就不配做领导。"可以肯定，对事物的形势和发展趋势做出正确判断和预测，积极地为企业出谋划策，从而把握市场的"风向标"，这是每一个为将者应该积极备好的功课。做好这一点，不仅可为企业赢得竞争优势，也会促成一个人的成功。

识势，就是审时度势，即站在宏观的位置上，以全局的眼光，对有利的形势加以利用。大多时候，成功的将才就是善于利用形势，通权达变，顺应时势罢了。我们常说"时势造英雄"，如果不是时势将他们推向历史的舞台，他们又怎能成为英雄呢?!

“美国钢铁大王”安德鲁·卡内基成功的秘诀就是顺应形势而为。

美国南北战争时期，战争使铁路桥梁屡屡被毁，国家损失惨重，但仍然要及时地进行补修重建，在这方面的耗资是十分巨大的。见此，年轻人安德鲁·卡内基打算成立一个铁桥建设公司。好多人劝卡内基说：“建公司需要投入很大的资金，你现在的工作收入不错，干嘛要去冒险呢！你是放着好日子不过，找罪受的。”但卡内基并没有因此而改变自己的决定，他四处筹集资金，很快就建立了一个铁桥建设公司。那时候，由于专门从事铁桥建设行业的公司很少，卡内基的公司工程不断，挣了大量的钱。

正当卡内基的事业红火之时，他却放弃了苦心创建的铁桥建设公司，决定在钢铁方面开拓自己的事业。这一做法又让许多人不理解，他们认为卡内基太不自量力了，这么好的事业不去继续开拓，反而舍弃掉现有的胜利成果，改行做别的，让一切重新开始，一定是被成功冲昏了头脑。但卡内基不以为然，他态度坚决地说，“美洲大陆现在是铁路时代、钢铁时代！需要建造铁桥、火车头和铁轨，钢铁生意将是一本万利的。”

铁路造得越多，对生产和经营钢铁者就越有利。为了掌握钢铁技术和先进的经营方法，卡内基毅然放下手头的一切，到欧洲作了长达280天的考察。在考察中，他参观了钢铁研究所，买下了工程师道兹兄弟的钢铁制造法的专利，还买下了焦炭洗涤还原法的专利。回国后，卡内基迅速行动起来，全力向钢铁王国进军。1868年，卡内基建立了联合制铁厂。正如他所预测的那样：铁路公司正在用钢轨调换铁轨。没多长时间，卡内基的公司几乎垄断了美国的钢铁市场，他一下子成为美国第一代“钢铁大王”。

在激流奋争的市场竞争中，谁能关注行业动态，把握好市场“风向标”，谁就有可能掌握成功的主动权。卡内基之所以能够取得巨大成功，正因为他时时关注当时最新的市场变化，并注意分析整个市场的走向，适时地督促自己采取最有效的经营决策。

当然，任何事物的状态都不是一天造成的，而是一点一滴逐渐累积形成，等它形成时，就如潮水般，沛然莫之能御。这也意味着，关注一种行业的发展动态是一个需要长期学习和积累的过程，一定要保持客观、冷静的态度和做法，千万不可操之过急。

无须多言，成功与否，在于你的一念之间。

帅才修炼

1. 宏观调控，有效地上传下达

管理有时很简单，就是实现上情下达，下情上传，确保信息畅通。

——佚名

帅才是企业的中流砥柱，要成为帅才的确不容易。因为帅才经常需要面对这样的尴尬——有什么想法需要基层执行，必须经过帅才传达；而基层有什么意见和反馈，仍然离不开帅才。作为帅才，最基本也最难做的就是这个了。

某公司一直在主攻睡衣市场，近期打算大规模进军鞋类市场，于是总裁指示营销部经理接下来的营销工作要转向鞋类，加大对鞋类产品的推销力度。该经理的下属正在全力推销睡衣，经理回来后也没有特别提出对鞋类销售的要求，只是轻描淡写地说了一句，重点则是教育员工们做好工作，结果员工们谁也没往心里去。

半年后，营销部在鞋类市场上没有做出什么成绩，总裁非常生气，把他批评了一顿。该经理很委屈，对下属们大加指责："半年前，我就告诉你们，公司要进入鞋类产品市场。你们难道不明白吗？你们怎么把我的话当耳旁风啊，你们到底怎么工作的？"

员工们毫不客气地回答道："我们确实没有在鞋类产品上下功夫，虽然我们一直在销售它，但它并不是我们公司的主打产品。我们把精力集中在核心产品睡衣上有错吗？你开会时只是教我们加大推销力度，谁知道公司要全力进军制鞋业啊，否则我们……"

如果员工不了解上级的真实意图，就无法让自己的工作重心跟公司的决策合拍，这样一来，整个企业的工作就很难做好了。很明显，本事例中该营销经理的工作没有做到位，结果导致员工们不了解企业的决策，工作做错了方向，这样的领导绝称不上是帅才。

曾经有人做过这样一个形象的比喻："一个企业犹如一个人，帅才是连接头脑和四肢的脊柱。既要帮助企业传达上级的指令和完成操作，又要指挥四肢，即基层有目的地选择执行途径、优化工作流程，将领导意图和战略决策更好地贯彻到实际工作中去。"

这就意味着，你要想成为帅才，就必须要有吃透上情、摸清下情的功夫。怎么做呢？抬起头掌握全局，开阔视野，能将宏观政策要求，很好地与实际结合起来。同时，又要俯下身掌握实情，把基层情况摸准吃透，避免决策失误，提高执行的效能。

当然，为帅者常要处理方方面面的关系，要做好这一工作，需要多动一番脑筋，多想一些思路，而这不仅需要良好的政治素质、品格素质、知识素质和能力素质，而且还要讲究具体的方式方法。在此，我们来看一看有哪些方式和方法值得借鉴和学习。

第一，要确立清晰的思路。

帅才首先是一个“指挥官”，需要组织协调团队中的每一件事情。而要把一个决策做好，就要根据其内容和具体要求，把握住基本点，制订周密细致的组织协调计划，确立清晰的思路，并把协调过程中可能遇到的问题和对策考虑周全，这样才能上下吃透，驾轻就熟。

如果一个领导脑袋里一锅粥，在决策前没有明确观点，没有清晰的思路，那么他所带领的团队也必然是盲目被动地工作，结果可想而知。

第二，坚持实事求是的原则。

要坚持实事求是、求真务实的原则，准确把握各方的实际情况和实际需要，承认个体之间的差异，照顾下属们的个性。只有坚持这一项原则，才能真正促进各方面的积极配合，形成科学合理的协调思路，整个团队工作才会有条不紊，忙而不乱，呈现为帅者最希望看到的景象。

这一点很关键，因为对于下属来说，他们并不是唯命是从的机器，他们也有自己的意愿和要求，比如他们希望获得相应的物质报酬和精神报酬。如果你的决策满足不了他们的需求，那么他们的配合积极性肯定不高，这样的决策再好，效果也不会太好。

帅才的位置决定了，你在做事的时候既要听从指挥，又要有一定的自主权，只有这样才能够把工作做好。不过也有时候，上级给你的指示并不是很明确，这就要求你必须要学会自己体悟，以正确理解上级的真实意图，明确工作的具体标准和目标。

这其间的智慧，需要你自己去琢磨。加油！

2. 不迷信权威，实事求是

因为我对权威的轻蔑，所以命运惩罚我，使我自己竟也成了权威。

——美国科学家　爱因斯坦

面对来自外界的、纷繁复杂的信息，很多决策者会产生在大海中航行却失去罗盘的感觉——不知道该往哪里走。在这个时候，各种各样的富有权威性的观点以及权威人士的建议就成为了他们的“救命稻草”。但这样做出的决策就正确吗？不一定！

先来看一个故事，你就会明白很多。

一位名叫福尔顿的物理学家，运用一种新的测量方法，测量出固体氦的热传导度，结果却比传统理论计算的数字高出500倍。福尔顿感到这个差距太大了，如果将它公之于世势必会招来一大堆怀疑、非议和指责，想来想去，他迟疑了——算了吧，便把这一研究成果放在了一边。

没过多久，美国的一位年轻科学家在实验过程中也测出了固体氦的热传导度，测出的结果同福尔顿测出的一模一样，丝毫不差。和福尔顿的态度截然相反，这位年轻科学家很快将自己的测量结果公之于世。经过之后一系列的事实证明，这个数据才是正确的，之前的那个数据错了。结果，这位科学家立刻引起了科学界的广泛关注和赞誉。

听说此事后，福尔顿痛心疾首，他以追悔莫及的心情说道：“如果当时我摘掉名为‘习惯’的帽子，那个年轻人就绝不可能抢走我的荣誉。”福尔顿的所谓“习惯的帽子”即对“权威”的畏惧。

对于福尔顿来说，这显然是一个悲剧。这个悲剧的发生，在于福尔顿习惯相信权威人士，认为他们的判断准确无误，不容置疑。而事实上，人非圣贤，孰能无过，即使是权威，在认识的领域总还有未知的地方，在理解的层次上也难免会有误差。权威并非真理！

因此，对于权威，决策者固然需要持一种尊重态度，但绝对不能一味地相信，甚至近乎于盲目地、机械化地一味服从。作决策的时候，一定要讲求实事求是，相信自己的判断能力，只要站在真理的一边，就要敢于怀疑权威，更要敢于挑战权威。

身为一个团队的领军人物，为帅者更要如此。因为只有这样，才可能带领团队走正确的方向，顺利地取得一定的成功。

有“股神”之称的巴菲特就是循着这一观念走向成功的。

巴菲特十几岁时就涉足了股市，他虽然年纪轻轻，却有着自己的投资理念。例如，投资者们对一些投资界权威人物的投资理论深信不疑，有的甚至已经到了盲从的地步，但巴菲特却认为投资没有放之四海而皆准的理论，在投资的时候不要被权威的意见所左右，要相信自己的判断能力，要勇于挑战权威。他曾经说过一句玩笑话，“如果一个人真的能够预测市场，那么即使他只有1美元也足以颠覆整个股市了。”

在投资界，很多人最喜欢的投资方式就是以最低的价位购买股票，然后等到股价上涨的时候抛售，从中赚取差价。但是巴菲特却不喜欢这种投资方式，他认为投资股票最关键的不是从中赚取差值，而是应该看这个股票有没有发展的潜力，放在手中还能不能继续增值，如果不能，不管股票价格多低都没有购买的必要。所以，在投资之前，巴菲特总要先对被投资企业有一个全面、彻底的了解，在确定这个企业符合自己的投资要求后，再考虑股票价格方面的问题，而且只有当这两个条件都满足的时候才能出手购买，至于那些所谓的股市行情、专家意见完全不在他的考虑范围之内，他只相信自己的判断。事实证明，这一投资方式使巴菲特稳赚不赔。

1963年，巴菲特将目光放在了一家服装厂上，但却遭到了老师格雷厄姆的反对。格雷厄姆在投资界享有很高的声誉，他的理念对当时企业资产评估的方式产生了很大的影响，他认为这个厂家的产品并没有很大的竞争力，只是股票的价格比较便宜。但是，巴菲特却觉得这个理念存在缺陷，他认为格雷厄姆只看到了企业的有形资产却忽视了无形资产，他看重了这个厂家拥有品牌价值。他认为虽然企业品牌属于一种无形资产，但它却能为企业带来非常丰厚的实际效益，所以毅然出手购买。为了达到能控股的目的，巴菲特在接下来的一段时间内不断地追加投资，最后这家公司的发展甚至超过了巴菲特一开始的预计，给他带来了十分丰厚的回报。

巴菲特不盲目地相信权威并敢于挑战权威的个性，使得他在投资的道路上越走越远、越走越顺，终于成为华尔街上叱咤风云的“股神”。华尔街对他的评价是：“巴菲特之所以能够取得如此大的成就，他的自信和胆识起了决定性的作用。他不仅能将老师格雷厄姆创建的理论运用自如，更难能可贵的是他有勇气挑战权威并付诸实际行动。”

要相信自己的判断，不迷信所谓的权威，讲究实事求是，这正是巴菲特的成功秘诀。要想成为一名帅才，你就应该学习巴菲特敢于挑战权威的勇气。对于专家意见，除了虚心学习外更要大胆地超越，这样才能不断增强自己的实战能力，取得更大的成绩。

但切记，真理掌握在少数人手中，卓越者开始总是曲高和寡，平庸者往往附和者众。挑战权威的过程，要忍受不被人理解的困扰，要经历残酷的身心考验，就像凤凰必须在烈焰中重生一样。这就需要你始终相信真理，以足够的智慧、魄力和勇气去面对。

3. 以变应变，危机变转机

危机不仅带来麻烦，也蕴藏着无限商机。

——美国大陆航空公司总裁　格雷格·布伦尼曼

每个人的生活中都会出现危机，对待危机的态度与处理却必有不同。

一个合格的为将者，往往会对危机有所准备，有从容面对的可能，这对于问题的解决尤为重要。不过，一个合格的帅才往往会更进一步，他们不仅会以冷静的态度去面对危机，而且会灵活地进行处理，及时创造有利条件，将危机演变为“契机”。

明朝永乐年间，著名工匠蒯祥被明成祖任命负责皇宫的改建。经过一个雷雨交加的夜晚后，蒯祥第二天早上来到工地时，不禁大吃一惊：已接近完工的宫殿大门槛的一头被人偷偷地锯短了一段，更糟糕的是工期将至，且已经没有可以重建的同样材料。这件事情足以使人掉脑袋，旁人都暗自为蒯、祥捏了一把汗，家人劝蒯祥赶紧逃命去。但蒯祥知道现在抱怨或叫苦都是没有用的，唯有想办法弥补，消除危机才是最关键的。

一番冥思苦想后，蒯祥忽然想出一个别样的办法：把门槛的另一头也锯短一段，使两头的长度相等；同时，可以在门槛的两端各做一个槽，使门槛可装可拆，成为一个活门槛。拆掉门槛后，轿子和车马可以直进直出，比固定的门槛更加方便；他还在门槛的两端各雕刻一朵牡丹花，既可以遮掩两端的槽，又能使门槛色彩鲜艳，显得更加富丽堂皇。结果，明成祖带领文武百官来验收时，十分满意，对蒯祥大加赞扬并对他进行了赏赐。

一夜之间，宫殿的大门槛被锯短了，这将蒯祥置于性命攸关的危机之中。幸好蒯祥没有慌乱绝望，而是通过灵活的方法，将门槛改成可装可拆的活门槛，化危机为机会。这一变局的转化，不仅保住了自己的脑袋，还成为我国建筑史的一段佳话。

不难总结出一个结论：只要我们能够在危机时刻保持冷静，用心去捕捉危机中的转机，采取积极的行动，并挖掘自身的潜能，隐藏在危机中的契机自然而然就会显露出来，我们就很有可能巧妙地改变自己的处境，最终化危机为发展自己、赢取成功的机会。

这并非不可能，要知道有一句古话叫“祸兮福之所倚，福兮祸之所伏”，福祸是可相互转化的。而且，“危机”由两个字构成，其中“危”是危险，“机”是有机会的意思，也就是说危机并非是百分之百的危险，而是与机会如影随形的，有无限的契机在里头。

所以，当危机发生的时候，不要总用单一方式去处理，适当地转变一下自己的思维吧，用心捕捉危机中的转机，也许会寻找到更好的解决办法。你能否称得上是帅才型人物，就看你能否以变应变，利用自身的智慧和才能将负面的变局化为正面的转机。

危机的机遇性在于，首先，危机可以暴露企业的弊端，使企业能够对症下药，为进一步发展清除障碍；其次，企业在危机中往往会成为公众关注的焦点，如果危机处理得当，可以比在常态下更有效地塑造企业的公众形象，提高企业的知名度和美誉度。

一天，在英国的麦克斯亚法庭上，一位中年女人声泪俱下，严词指责丈夫有了外遇，要求和丈夫离婚。她向法官控诉道："我的丈夫不论白天还是黑夜，都要去与'第三者'见面。"

法官问这位女人："你丈夫的'第三者'是谁?"

谁知，女人所指的第三者不是另外一个女人，而是"足球"。原来，她的丈夫经常看足球，结果忽略了她的存在。面对这种情况，法官啼笑皆非，不知如何应对，只得劝说女人："足球不是人，不能成为被告，要告你也只能去控告生产足球的厂家。"

不料，这位女人还真向法院控告了一个非常知名的足球品牌。这个足球厂的负责人，认为这场官司是一个非常糟糕的危机，不过后来他头脑中突然灵光一现，有了一个决策：他主动拿出1077英镑作为这位妇女孤独赔偿费。看到这种情况，这位太太喜出望外，对这家足球厂赞不绝口。

这场因足球引起的官司，在英国引起巨大的轰动，各个新闻媒体纷纷出动做大量报道。一时间，这个足球厂火遍全国。该负责人在接受记者采访时说：“太太与其丈夫闹离婚，说明我们品牌生产足球魅力之大，她的控词为我们做了一次绝妙的广告。”

没人愿意成为法庭上的被告，更没人愿意无端为此支付什么所谓的补偿，该足球厂原本是遇到了一场危机。但是，这位足球厂负责人却展现了出众的灵活应变能力，因为思维的转换，他不仅没有让这场诉讼给自己造成任何损失，还因此给自身经营带来了更多推动。

试想，如果该足球厂的负责人是一个“墨守成规型”的管理者，认为这位妇女无理取闹，对控告置之不理，或者与她进行对峙，利用法律手段捍卫自己的权益，那么即使最终能够赢得诉讼，也不会对自身发展产生太大影响，还有可能得罪原有的顾客，得不偿失。

也许危机的发生出人预料，但是如何预防、妥善处理危机，将危机转化为转机，都在考验着为帅者的危机管理、决策能力。

在工作中，为帅者总会遇到这样或那样的危机。在这个时候，你是否能展现出这种灵活多变的品质？最大程度激发自己思维的火花？诚然，这种决策力是很难培养的，但是在面对危机的时候，只要你肯动脑子，就肯定能获得一些意想不到的机会。

4. 固势利导，把方向握在手中

我们可以通过预测趋势，从而作准备，但最好的预测方式就是去创造它。

——美国管理作家　彼得·杜拉克

“激水之疾，至于漂石者，势也；鸷鸟之疾，至于毁折者，节也。是顾善战者，其势险，其节短，势如张弩，节如发机。”这是《孙子兵法》里一段有关“造势”的话，意思是说，善于用兵打仗的人，他们造成的态势十分险峻，他们抓住的时机总是非常短促。

一个人如何形成良好的影响力？很简单，就是在把握现状的基础上，凭借自己的智慧和力量，通过各种途径和方法，创造出有利于自己的态势、格局和趋向。为竞争赢得主动，为取得胜利创造条件。

我们来看一个故事，便能一目了然。

一位穷困潦倒的年轻人想开一家公司，需要10万美元的资金，他手头没有钱，亲戚朋友也不肯借给他，怕钱借给了他后收不回来。怎么办？年轻人想到了到银行贷款，尽管他的态度诚恳，但他又被拒绝了，毕竟10万美元不是小数目，而他的担保条件不够，且银行担心他没有信誉。

就此，年轻人放弃了开公司的念头了吗？不！他想出了一个办法。

这天，年轻人又走进了银行，“你好，我想贷点款。”

“可以，不知你准备贷多少呢?”银行人员问道。

“10美元。”说着，年轻人拿出自己的一件衣服，放在柜台上，认真地说道，“我只贷10美元，而且我只贷一个月，这件衣服做担保够了吧?”

“好吧，”银行人员回答，“请办理手续。月息为5%，只要您付5%的利息，且在一个月后归还贷款，我们就把这件衣服还给你……”

一转眼，一个月过去了，这位年轻如期又来到银行，他拿出了10.5美元对银行人员问说：“今天我就是来还这10美元的，你把之前我抵押在这儿的衣服还给我吧。”

不仅如此，年轻人以后每月都会前来银行贷10美元，一个月之后又如期归还银行10.5美元。就这样过了差不多一年的时间，年轻人再一次走进了银行，“你好，我想贷点款，这次是10万美元，而且我想贷一年。但实话实说，我没有足够的东西做担保。”

银行里的工作人员议论纷纷，“我知道他，他经常在我们这里贷款，还款总是很及时的”“对，这是一个很讲信誉的人，我可以担保，他这次也一定会如期还款的”“是的，我也相信”……就这样，这次年轻人从银行成功地贷到了10万美元。

一位穷困潦倒的年轻人如何成功贷到了10万美元？看了故事，我们就会明白其中的道理，这位年轻人开始时只贷10美元，而且总是能如期归还银行，这就给银行方面留下了“诚信”、“值得信赖”等良好印象，为自己最终贷10万美元做好了铺垫。

自古曰“善弈者谋势，不善弈者谋子”。要问你是帅才吗？首先得看你是否善于谋势。有一句话说得好：“三流领导做事，二流领导做市，一流领导做势。”一个明智的领导者会在决策时审时度势，执市场之牛耳，把方向握在手中，最终立于不败之地。

美国人艾雷克就是一个深谙造势之道的人。

艾雷克是一位美国的橘汁生产商，刚进入这个市场时，他对前景充满了信心，但很快他就发现了一个问题：橘汁味道好，热量低，是天然的有助健康的产品，逐渐橘汁也就成为了一种公众的早餐食品，并且美国人只在早餐的时候才喝它，这一习惯沿用了很长一段时间。这样一来，橘汁市场就很小了，并且几乎处于停滞的状态。

很多的橘汁生产商对此感到一筹莫展，只好坐以待毙。但艾雷克却认为，什么时候喝橘汁，不应该由消费者选择，而应该由生产商来决定。生产商如何来决定呢？这就需要向公众灌输一套新的观念，让橘汁作为一种天然的、健康的饮料打入饮料市场，而不再是早餐的时候才喝的早餐饮料。改变了人们一贯的这种生活习惯，橘汁也就能扩大产销量了。

为此，艾雷克呼吁所有的橘汁生产商，采用了这样的广告口号：“它不再只是吃早饭时饮用。”第一批电视广告针对的是年轻人，广告中的形象是运动员，运动完之后饮用橘汁的场面；第二批电视广告针对的是上班的员工，广告中描绘了员工在午饭时饮用橘汁的场面；第三批电视广告针对的是老年人，广告中描绘了花园中少女和老祖母在休息时饮用橘汁的场面。三个广告主要是强调天然的和有益于健康的方面，在画面中表达了一种引导，橘汁不只在早餐时间，在其他时间饮用也是可以的。

健康的广告定位打动了很多美国人，许多关心健康和食品营养价值的美国人经过比较，他们发现碳酸盐化合物的饮料是一些既没有热量也没有营养价值的东西，而咖啡则含有咖啡因，对身体健康同样没有什么好处。这时，人们发现只有橘汁才是天然富有营养的，可以使人“身心爽快”，而且并不是只有早餐的时候才能喝，是一种“在任何时间都可饮用”的健康饮料。于是，大家便纷纷转向购买橘汁。就这样，通过这次成功的广告营销，橘汁由只有部分美国人当做早餐的饮料定位，变成了一种健康的普及饮料，橘汁的市场被打开了，销量成倍地增长了。

高明的帅才，并不是一味地把自己的力量拼到极限，而是通过一定的方式造成有利于己的态势，就像将水从万丈高山倾倒下来那样，形成排山倒海般的力量，最后战而胜之。

需要注意的是，“造势”是一个由“点”到“面”的持续过程，要想通过“造势”取得成功，你一定要学会整合有限的资源，审时度势地制订正确的决策，然后按照既定部署，在指定时间内集中发力，如此你才能在短时间内由弱转强，协助自己取得成功。

第十章

将帅之才的执行力

大凡卓有成效的将帅型人才都知道，

一个决策不在于多么高明，而在于执行得如何。

不是做了什么，而是做好了什么。

这个“好”有两种途径——全力去冲，没有借口，谓之将；

分解任务，适当指挥，称之帅。

将才修炼

1. 善于把口号变成实际行动

一位经理人的成功，5％在战略，95％在执行。

——美国ABB公司原董事长　巴尼维克

对于一个将才来说，工作做得好不好，不在于决策多么高明，而在于能否如实地执行。将一个好的决策付诸于实践，认认真真地执行下去，这远比空想出1000个好主意要有价值得多，这正是成功者与失败者的区别，也是为将者与普通人的区别。

历史上空谈误国的例子何其多，发人深省。

战国时期，赵国有一将军叫赵括，他是赵国大将赵奢的儿子，自幼就学习兵法，谈起军事谋略来滔滔不绝，别人往往都说不过他，因此他很骄傲，自以为天下无敌。为此，赵奢很替儿子担忧，认为他不过是纸上谈兵，并且经常说："希望将来赵王千万不要用赵括为将。不用他为将就罢了，一旦用他为主将，将会导致重大失败。"

公元前259年，秦军侵犯赵国，廉颇将军负责指挥全军。后因廉颇年事已高，赵王任命赵括为赵国20万大军的军事主将，那时赵奢已经去世。赵括无实战经验，却自认为自己很会打仗，代替了廉颇以后，死搬兵书上的条文，只知谈论，不晓指挥，结果使赵军粮道断绝，困于长平。最后，20多万赵军尽被歼灭，赵括也被秦军箭射身亡。

赵括将大好时光花在空谈上，不晓指挥，给赵国造成了重大的损失，这是一个空谈误国的典型。试想，如果他能够一步一步脚踏实地，在战场上磨练自己，将自己丰富的理论和战斗实践相结合，或许他能成为一代名将，而不会落个“纸上谈兵”的千古笑柄。

回想一下，在每天的工作中，你是否因为不敢、不愿执行，而导致很好的决策没有取得成效?

话说得最多的人，不一定是事做得最多的人。雷声虽大，如果雨点太小，也只是虚张声势。行动胜于空谈，实干才是最真的。所以，如果你想成为一名将才，就不能将主要精力放在喊口号上，要力戒弄虚作假和形式主义，做事情要真抓实干。

数学家华罗庚曾说过：“树老易空，人老易松，科学之道，我们要诫之以空，诫之以松，我愿一辈子从实以终。”其实，何止是科学之道，为将之道更是如此。少空谈，多做事，能实干，能行动，这是实干精神，是求实态度，也是将才执行力的体现。

美国ABB公司董事长巴尼维克曾明确提出“成功5%在战略，95%在执行”。

一家企业不幸破产后，被另一家集团收购。企业里的员工们都翘首盼望着新的领导能带来令人耳目一新的管理办法。开工大会上，新领导诚恳地说：

“我只有一个要求，那就是把先前制定的制度坚定不移地执行下去，将所有的规章制度执行到位。”

这是什么管理方法？员工们有些大惑不解，甚至有些人还很失望，认为企业没有什么前途了，新领导却提醒大家：“执行吧，试试看。”什么都没有变，制度没变，机器设备没变，员工也没有变。结果令人意想不到的是，不到一年时间，企业就扭亏为盈。

新领导的绝招是什么？执行，执行到位!

我们知道，目前很多企业的经营理念和战略大致都是相同的，但效益却大不相同，比如，同是做笔记本电脑，唯有戴尔在全球市场上独占鳌头；都是做超市，唯有沃尔玛雄踞零售业榜首。这里的关键是什么？就在于执行力，不折不扣地执行了下去。

古人言：“吾尝终日而思矣，不如须臾之所学。”行动，胜于空谈。一个人，只要你具备实干务实的素质，善于把口号变成实际行动，脚踏实地去努力奋斗，用实际行动去实践工作计划，就能取得属于自己的辉煌成就，你也就成了众人眼中的大将人物。

行动胜于雄辩，行动可以得到真理，行动可以改变世界，而雄辩却不能。如果你希望在工作中取得某种良好的改变，那么就必须采取某种现实而有目的的行动。有了好创意，一定要去做；有了好想法，一定要有好做法。能不能为将，就看你做得如何了。

2. 努力创造展示自己的机会

成功是一种方法，让别人看到你，知道你的存在，知道你的能力。我不怕推销自己，只要我有能力胜任这个职务就可以了。

——美国教育之父 戴尔·卡耐基

在中国，毛遂自荐的故事人人耳熟能详，津津乐道。

战国时期，秦国率领大军攻打赵国，包围了赵国都城邯郸，赵国形势万分危急。赵孝成王要相国平原君出使楚国，想办法争取联楚抗秦。出发之前，平原君打算从手下三千门客中挑选二十个文武双全的人一起去楚国。挑来挑去，只挑中了十九个人，还少一个人。

正在这时，一个坐在末位的门客主动站了起来，用坚定的语气自我推荐说："我叫毛遂，到府中三年了，我来当这最后一个吧!"处在门下三年了，自己却没听说过，平原君认为这是毛遂没什么才能的缘故，拒绝。毛遂却说："只不过平日没用得到我的地方，现在到时候了，我的整个锋芒都会露出来。"平原君带毛遂一道前往。

出使楚国后，平原君与楚王谈判，从早上谈到中午也没有谈成，毛遂便主动走上前，把出兵援赵有利于楚国的道理，作了精辟的分析，说得楚王心悦诚服，答应马上出兵援赵。毛遂促成了楚赵合纵，挽救赵国于危难之中，建立了不朽功绩。回赵后，毛遂被平原君称赞道"三寸之舌，强于百万之师"，还被赵王任命为赵军主帅。

毛遂主动请求出使楚国，凭借自信和勇气，凭借胆识和智慧，促成了楚赵合纵，挽救赵国于危难之中，淋漓尽致地展现了自己的实力。也正因为此，他在千名门客中脱颖而出并得到重用，从一个普通的食客转变成了君王身边的大功臣，奔了个大好前程。

毛遂自荐的故事告诉我们，千里马常有，而伯乐不常有。一个人的才能并不是到哪里都能得到赏识的，如果你认为自己有才干，那么就不要总是等着别人推荐，不妨自己主动站出来，争得显露才华的机会。对于将才来说，这是征服下属的一个秘诀。

现在的社会竞争太激烈，如果你身为领导者却无所作为，在面临机会时缩手缩脚，下属们没有机会见识你的能力和才华，你没有什么过人之处，那么谁会甘愿听从你的领导呢？只会不服你、抱怨你，或许还有人想取而代之呢，你的工作就很难做下去了。

需要指出的是，主动展示自己并不是“出风头”。喜欢“出风头”的人都没有什么真正的能力，只会用一些花哨的东西来骗取他人的赏识，往往会被别人拆穿，甚至有时会不攻自破，自取其辱。在这里，重在通过执行力来表现自我价值，争取下属的认可和支持。

有人说，是一场经济危机成就了美国总统富兰克林·罗斯福。

20世纪30年代的一场经济危机，使美国经济大萧条，甚至到了崩溃的边缘，到处听到的消息都是失业、破产、倒闭。随处可见乞讨者，饿死在路边的人和横行的强盗、小偷。当时罗斯福刚刚上任，面对如此严重的危机他内心忐忑不安，但是他清楚，自己必须站到最前面，他说：“我是总统，如果我不站在前面，将对这个国家更加不利。”

很快，罗斯福身着一身笔挺的新装，发表了一篇轻松、简短却充满力量的演说，他告诉人们："我们唯一害怕的就是害怕本身，如果不再恐惧，一切都可以改变!"他的演讲轻松中又带着坚定，并且充满了信心，让美国国民为之一振，对这个新上任的总统开始产生信心。接下来，罗斯福下令人们把街道打扫得十分干净，破旧的建筑物重建或粉刷，社会秩序也明显好转，整个美国似乎获得了重生一样。然后，他下发《联邦紧急救济法》，为饥饿的民众提供大量的救济物资，保证了基本生存需要，稳定了社会。

在局势稍微稳定下来后，罗斯福以闪电般的速度下达了几十条命令，强势推出了经济、改革和复兴为主要方向的新措施，如连续推出了《农业调整法》与《全国工业复兴法》，以此振兴工业与农业；颁布《紧急银行法》，通过大量规范金融投资的法令来改善金融环境；创造大量的工作岗位，提高工人的最低工资标准……就这样，罗斯福所采取的一系列新政，硬生生把经济倒退的巨轮逆转了过来，让整个国家慢慢从慌乱中稳定了下来。他也因此获得了各方的赞美，人民的支持，并被赞誉为美国最伟大的总统之一。1936年，他再次被选举为总统，也就不足为怪了。

罗斯福为什么可以获得人民的支持，连任两届总统？可以说，这与他在经济危机里的表现密不可分，通过一系列的执行活动，他的公众形象迅速转变为一个在全国面临危难时挺身而出拯救整个国家的英勇人物，这种执行力淋漓尽致地体现了他的领导价值。

可见，再好的产品，也需要好的营销；再优秀的人才，也需要好的推销。努力创造展示自己的机会，展示自己的能力和才华。当你的出色表现出乎人们的意料时，下属们自然会对你刮目相看，从而心甘情愿地支持你，乐意给你提供更多的成功机会。

是鱼就应跃龙门，是鹰就当搏击长空，是千里马就应展示出来！当然，对于你自身而言，一次次的主动带头都是学习新技能、获得新经验的机会，你能从中快速丰富工作经验，增长更多的才干及相关知识，进而不断改进自己的工作，你的地位也会水涨船高。

这里还有一个典型的事例，不妨一看。

巴恩斯十分希望能与爱迪生成为商业上的伙伴，可此时的他只能成为爱迪生手下的一名职员，每个月领固定的薪水。不过，他说："这虽然不是我要的，但我会等到成为爱迪生的伙伴为止。"在爱迪生工作室工作的几个月里，巴恩斯努力去熟悉自己的工作环境，了解爱迪生的思考模式及工作方法，并积极主动地对待工作，让这个工作室变得更有效率、更加愉快。

爱迪生发明的东西很多，一次他发明了一个办公室器材——口述机，但是这个长得难看的、市场对之相当陌生的机器非常难卖。巴恩斯深知这对自己是一个很好的机会，他表示自己有意销售这项产品，正愁产品卖不出的爱迪生欣然同意。接下来，巴恩斯开始拼命地推销口述机，他跑遍了全美各地的大小城市，并最终使口述机得到了推广。销售工作做得相当成功，巴恩斯果断提出与爱迪生签订销售条约。

至此，巴恩斯终于成功达成了自己的目标：成为了发明家爱迪生的合伙人。

主动展示自己，这是获得提升、抓住机会的好方法。

俗语说："美辰良机等不来，艰苦奋斗人胜天。"如果每个人都能像巴恩斯一样主动地行动起来，积极地寻找机会，主动地创造机会。那么，即使在再平凡的岗位上，你也能做出不平凡的成就，影响和征服别人，获得他人的赞誉和尊重，终成大将。

3. 不找借口，决不让拖延击垮

找借口好吗？我的成功归于：我从不找借口，也绝不接受借口。

——现代护理教育奠基人　南丁格尔

在实际工作中，每一个人都难免遇到这样或那样的问题。在问题面前，是主动承担责任，迎难而上，主动积极地想办法解决，还是找各种借口为自己开脱或搪塞，拖延行动，反映了一个人执行力强弱的问题，也反映了一个人是否具备担当重任的能力。

"工作很难做，明天我再做吧……"

"我先玩会儿游戏，待会儿再工作……"

"这事不着急，有空再办……"

你是否经常说这样的话呢？但你可知道，如果一个人执行中一遇到问题就借口拖延，这虽然可以一时推卸掉责任，但什么都不做的后果是什么？——你的才智得不到表现，你的能力得不到提高，长此以往下去，执行力将大打折扣，如此也就难以为将了。

三十多岁的苏淳是某报社的一名主编，他才华横溢、思维敏捷，却工作懒散，积极性不高，经常逃避责任，"时间太短了，所以我没有在规定的时间里把稿子做完……""这次的工作量太大了，我一个人应付不过来……"

有一次，报社下达了新的任务，苏淳又说自己一个人完不成，社长只好将任务一分为二，派苏淳的一个下属小马一起做。苏淳一直认为小马能力不如自己，但到了发稿时间小马顺利完成了任务，他却没有完成工作任务，最终影响了报纸的出报时间，损害了报社的声誉。

“苏淳，你要自己想办法弥补对报社造成的不良影响，另外你明天也不用来上班了。”社长神情严肃地说道。

“社长，为什么？”苏淳问。

“你虽然能力很高，但作为主编你却经常不能把自己的工作做好，而恰恰你的下属却能完成。我想提拔小马为主编，因为他是一个能够承担责任的人，是值得信任的。”社长回答道。

苏淳本领大、能力强，却不能很好地完成工作，很难为报社创造价值。相反，小马虽然能力稍逊一筹，但因为执行力很强，最终出色地完成报社交付的任务，最终获得了主编的位置。

可见，一个人能力有大小、水平有高低，但是能否成将，还要以执行力为保证。一个人总习惯找借口，总让拖延击垮，即使学识再广、素质再高，也不堪大用。反之，一个执行力强的人，即使能力稍逊一筹，在实践中逐步提高，最终也能够为将。

所以，如果你发现自己经常为没完成某些工作而寻找各种借口，为没能如期实现计划而辩解，那么现在正是该面对现实、好好做检讨的时候了。你要做的事情就是改变拖延工作的坏习惯，从今天做起，从现在做起，积极主动地做好自己当前的工作。

一位英国年轻人常常觉得工作让自己焦头烂额，寝食不安，而且看不到一点成功的希望，他整个人都快要崩溃了。于是，他决定去请教著名的小说家瓦尔特·司各特。

一天早晨，年轻人来到瓦尔特·司各特家里，他有礼貌地问道：“我想请教您，身为一个全球知名的作家，您每天是如何处理好那么多的工作，而且很快就能取得成功呢？您能不能给我一个明确的答案？”

瓦尔特·司各特并没有回答年轻人的问题，而是友好地问道：“年轻人，你完成今天的工作了吗？”年轻人摇摇头，“这是早晨，我一天的工作还没有开始呢。”瓦尔特·司各特笑了笑，说道：“但是，我已经把今天的工作全部完成了。”

年轻人感到莫名其妙，瓦尔特·司各特解释道：“你一定要警惕那种使自己不能按时完成工作的习惯——我指的是，拖延磨蹭的习惯。要做的工作即刻去做，等工作完成后再去休息，千万不要在完成工作之前先去玩乐。如果说我是一位成功者的话，那么我想这就是我成功的原因。”

千万不要再找借口拖延工作，如果你真想革除这种坏习惯，现在就列出你的行动计划吧！把握住每一分、每一秒，每天都保持一种时不我待的紧迫感，直到变成一种根深蒂固的习惯。

一个合格的将才，绝不会用任何借口来为自己开脱或搪塞，而是时刻要求自己：没有任何借口，这是对责任的承诺！责任就是对工作的忠诚和信守，责任就是出色地完成自己的工作，没有条件也不找借口，从不让拖延击垮，进而把“不可能”变为“可能”。

每当你要为自己寻找借口时，你或许会乐意听听罗文中尉的故事。

美西战争发生后，美国必须立即跟古巴的起义军首领加西亚将军取得联系。加西亚将军在古巴丛林里——没有人知道确切的地点，所以无法写信或打电话给他。怎么办呢？相关负责人找来了一个名叫罗文的中尉，交给他一封写给加西亚的信，没有送信的地点。

负责人原本以为罗文中尉会无功而返，毕竟在茂密的森林里，寻找居无定所的加西亚将军，这不是一件容易的事情。具体该怎么做，就连他也不知道。但罗文中尉却没有找不去的借口，他接过这个任务立即上路，徒步进入了危机四伏的森林。接下来的三个星期里，他处处打听加西亚将军的所在地。最终，成功地将信交给了加西亚将军。

责任面前没有借口，即使没有条件，也要创造条件执行并完成任务，这是为将者存在的价值根本。

如果你想成为一名将才，那么不管从事什么工作，当某项工作的进展遇到麻烦或者结果不符要求时，你的第一反应应是主动承担责任，不找借口推诿，坚持不懈地执行下去，这样你就能做好自己的工作，给人一种信赖感，赢得足够的尊敬和荣誉。

4. 不计得失，不遗余力地去完成任务

军人就要服从命令，就要不计一切地执行命令。

——西点军校校训

在企业前进的过程中，许多管理者习惯先琢磨好一条退路。未雨绸缪，万一事情失败了，也不至于太被动、太难堪。不可否认，事事留有余地，回旋的余地很大，这有利于有条不紊地行动，也最终可以增加成功的概率。

但问题是，人都是有惰性的，给自己留有后路，势必会削弱执行的力度，

容易在困难面前退却、妥协，这样退路就变成了绊脚石。例如，面对一个重要的订单，你若认为签了最好，签不了也有其他订单可签，在这种观念下，签单时你的劲头就不会太大。

正因如此，大多数勇敢的成功者认为给自己留好退路是弱者的行为，意味着一开始便对自己和自己的前景缺乏信心。一个人若想取得梦寐以求的成就，不给自己留退路，不遗余力去执行，逼着自己去成功，是许多明智者的共同选择，也是将才的成功之道。

“西楚霸王”项羽破釜沉舟的故事就是一个典型的成功事例。

公元前208年，秦二世胡亥意图称霸于列国，便派大将章邯率领20万大军北渡黄河攻打赵国。赵国哪是秦国的对手，交战几次后就被秦军围困在巨鹿，处境十分危险，赵王只好派使者前往楚国求救。于是，楚怀王封宋义为上将军，项羽为副将率军带领两万人马救援赵国。可是宋义担心与强秦决战会损伤楚军实力，行至安阳后便令兵马安营下寨，不再前进，一连46天按兵不动。项羽心急如焚，多次劝宋义迎击秦军，无效。

眼看军中粮草缺乏、士卒困顿，赵国又一再派人前来请求支援，而宋义仍旧按兵不动，项羽忍无可忍，进营帐杀了宋义，夺取了兵权，带领两万人马渡过漳河，并占领了河岸。听说楚军渡河了，章邯领兵大举前来迎战。项羽见秦军人马众多、士气正盛，要打败强大的秦军，就必定要想出一个好的战法才行。于是，他命令士兵们把渡船统统凿穿，沉下水底；烧掉自己的营房，又把行军煮饭的锅全部打碎，每人带着三天的干粮。

项羽义正词严地对将士们说：“秦军的人马是我们的十倍，打仗时我们只准进，不准退，要和秦军血战到底！”将士们看到锅砸了，船也沉了，全军一点后退的打算也没有了，如果不拼死一战，就要被活捉了！因此，人人都抱着进则生、退则死的决心，拼命向前。楚军以一当十，喊声震天，锐不可当，最终大破 20 万秦军，救了赵国。

两军相遇勇者胜，项羽用破釜沉舟的办法断了将士们的后路，抱着必死决心的楚军只能义无反顾，最终取胜。假设项羽没有“破釜沉舟”，那么楚军面对强秦时很可能会想着退路，举棋不定，甚至为了求生逃跑，战斗力自然下降，历史恐怕得重新书写。

可见，一个人如果不给自己留退路，具有切断后路的勇气，具有全力以赴的气魄，那么他必然会毫不犹豫地切除自身的惰性，坚定不移地朝着自己定下的目标迈进，将自己的勇气和潜能全部激发出来。结果必是成功越来越近，终成大将。

当然，提倡为将者“破釜沉舟”，并非一意孤行的“盲断”，也非逞一时之快的“妄断”，而是要注重培养自己的执行力。基于客观事实做出了预见，明确了方向之后，就必须拿出不计得失的勇气和魄力，不遗余力地付诸行动，不要犹犹豫豫，不要瞻前顾后。

当有人问拿破仑是如何率领法兰西军队征服世界的时候，他回答说，只是毫不迟疑地去做这件事。的确，拿破仑在紧急情况下总是立即抓住自己认为最明智的做法，而牺牲其他所有可能的计划和目标，然后鼓励自己的军队心无旁骛地执行，这是一种有效的执行力。

美国的林肯总统经常对自己的下属们说：“我要找的是一个能完成任务的人。”林肯的意思是：当我把一个任务交给一个人时，怎么办是他的事，但是他一定要办得最好。如果他行，让事实来证明，这需要的正是一种不遗余力的执行力。

不给自己留退路，朝着目标前进吧！

帅才修炼

1. 指导力是执行力的源头

一群老虎给羊带，所有的老虎都会变成羊；一群羊给老虎带，所有的羊都会变成老虎。

——台湾著名企业家 王永庆

很多领导都有自己一套非常详尽的战略规划，但我们更多的是看到这些战略规划沦为纸上兵书，为什么？原因在于：一些人视战略为不可亵渎的“圣经”，没有将其详细地传达给下属，结果下属是看着葡萄吃不到，诉苦，不是我不做，怎么做，我不知道。

这样的领导，考虑的是组织的秩序，强调的是组织内所有成员的执行力，个体行为都要合乎规范，在过程中及时进行督促。下属只有领取任务的份，工作过程中遭遇的也只是密切的监督，如此自然很难产生有效合作。

我们先来看一个小故事。

最近，某广告文化公司新任命了一位策划经理，这位新经理逻辑性强，思维又敏捷，策划方面的才华得到了大家的一致好评，总经理对于他上任后的工作也寄予了厚望。谁想到，在新经理走马上任一周后，总经理的办公桌上就堆满了员工对他的投诉，几乎他的每个下属都参与了。一时间，千夫所指，众意难违，为了缓和公司内的气氛，总经理无奈地宣布了这位新经理的免职命令。

这位新经理到底犯下什么滔天罪行，引起下属如此强烈抗议和指责？让我们看看员工们所写的投诉信，就可以对情况有个大致的了解。

一位员工的话颇具有代表性，他写道："每次上班时，从走进办公室第一秒钟开始，就感觉背后有一双眼睛紧紧盯住自己的言行。不管我做什么，他都像扫描雷达一样盯着我不放，他就像一个录音机，时刻记录下我所说过的每一个句话。监督着我、审视着我、评价着我……我都不知道自己这一天是怎么熬下来的，太可怕了！"

还有员工非常委屈地诉说："每次当我把工作完成之后，他都会指手画脚一番，说这也不行那也不行，都不如他的意，就好像我自己什么都不会干一样。我承认自己能力有限，但他可以教我啊，我会学的啊。可他偏偏不，只是简单地把任务交给我，怎么做，做到什么算好，他从不明确地说。遇到这样的领导，我宁愿辞职回家!"

看到这里，我们对这位新经理的工作方式会有一个大致了解，对于他的失败也能找出一个根本的原因。这位新经理是优秀的，有一定能力，不然他不会坐到这个位置上，但是他却一味地强调下属的执行力，忽视了自身的指导力，最终影响到了执行力。

什么是指导力？指导力概括起来就是八个字：计划、组织、领导和控制。从因果关系上来说：指导力决定执行力，比执行力更重要！王永庆对此有一个很精辟的解说："一群老虎给羊带，所有的老虎都会变成羊；一群羊给老虎带，所有的羊都会变成老虎。”

执行力的高低不只源自下属信念的强弱，也来自领导不同程度的指导。

这也意味着，一个优秀的帅才在执行过程中要重视培养自己的指导力，应该做一个高度关注执行过程、切实指导执行方法的“指导者”、“教练”，指导下属去寻找执行的规律、深化执行的方法、接近执行的目标，且这一切要贯穿于执行的始终。

对于一个“教练型”的领导来说，他们视下属的工作能力为自己的职责，他们会想方设法指导下属，帮助下属提高工作水平。他们知道，下属的好业绩，就是对自己工作的最大认可。同时，通过大家的协作与努力，又会收获一个对彼此都有利的结果。

某知名公司在全国各地设有分公司，最近总公司分派两位经理分别去了甲和乙分公司进行管理。总裁比较担心甲分公司的经营状况，因为派去那里的这位经理是新人，没什么工作经验，并且那里的市场环境非常不完善，经营一直不力；相反，他对乙分公司的经理却放心许多，毕竟那里的市场发展已趋成熟，派去的经理也很有经验。谁知一年后，两个分公司的经营总额呈现出了戏剧性的结果：甲分公司的市场占有率有明显上升，乙分公司的不仅没取得成绩突破，在市场竞争中还表现出衰弱趋向。

总裁百思不得其解，便先后前往两个分公司调查，以求能寻出其中原因。经过调查，总裁发现，派往甲分公司的经理，虽然经验和能力都比派往乙分公司的经理差一点，但可贵的是他乐于把自己所学的知识传授给员工，并且时刻注重对员工进行鼓励，培育起很好的团队文化，大家团结一心，为公司开创业绩共同努力。在工作过程中，这位经理也注重不断磨炼、提高自己，结果不仅经理自身获得了能力提升，员工们也个个成了业务精英。取得较好的成绩，也就是顺理成章的事情。

相反，派往乙分公司的经理，个人能力虽然很强，但是他只知道自己埋头苦干，忽略了对周围员工的调动和培养。一个人的力量是非常有限的，他的成绩虽然非常突出，不过他手下的工作人员却因能力不足工作开展困难。因为这种成绩的差异，还影响了团队的团结，很多人因此闹意见。结果是，整体的市场竞争力越来越弱化。

这两个分公司的经理如同两种不同类型的领导，最终呈现出完全不同的结果。其中，甲分公司经理的做法更符合“帅”的角色——虽然个人能力不是很突出，但重视与下属分享自己的经验与技术，重视提高下属的能力，进而强化下属的执行力。

不要忘了，逼着下属做一件他不知道怎么做的事情，也就是完成不了的事，你的执行力再强，也起不到效果。有句话不是说嘛：“只会待在指挥部里，听取最后战报的上司，执行后的结果往往不会遂他的愿，最后他听到的也常常是——坏消息。”

事实上，领导者指导意识的有无、指导能力的高低，将决定着最终的执行力强弱，“指导力”已经成为领导者自己的“执行力”！所以，你要想成为一名帅才，从现在起，在关注下属执行力的同时，也请发挥自己的“指导力”吧！换句话说：你不指导，谁来指导?!

要做到有效的指导，其实很简单：你所要求下属执行的那些目标，要和他们讲清楚，让他们做到心中有数；在执行前，要结合他们的实际情况，和他们一起讨论过具体执行的方法；在执行中，要及时进行动态的监管，并提供及时的指导；当下属执行不力时，不要无奈地批评说“执行力太差”，要多给予可行的建议和方法……

2. 只能“到位”，绝不能“越位”

不越位，不错位，不失位，各司其职，这是做好工作的前提。

——佚名

不管你是普通员工，还是大帅级的人物，都要兢兢业业地做好自己的工作，认真地贯彻执行企业相关的决策。做好属于你这个位置所应该做的一切事情，这叫职责上的“到位”，这是一种尽职尽责的执行力。请注意，你只能到位，绝不能越位。

越位，顾名思义，就是做了不属于责权范围的事。

“越位”的主要表现有三：第一，上行“越位”。该领导讲的话、做的事，替领导说了、做了、或者把自己的想法和意图强加于领导，干扰了领导的思路或决策；第二，平行“越位”。干涉属于平级领导职权内的事，甚至“种了别人的田，荒了自己的地”，造成彼此之间关系紧张；第三，下行“越位”。该下级做的事，自己事必躬亲、越俎代庖，造成下级没事干、不敢干，形成“上面乱插手，下面不动手”的现象。

看到这里，有人会觉得好奇，为什么要到位，而不能越位？

这是因为，企业里人人都有属于自己的岗位，每个岗位的职责权限是不一样的，无论是“越位”还是“不到位”，都会造成工作“错位”，轻者造成一个地方或部门的工作效率不高，贻误工作；重者造成该地方或部门不协调、不团结，这势必也不利工作。

孔子说“不在其位，不谋其政”，曾子说“君子思不出其位”，说的都是一个人应该做自己该做的事情，不要思考自己能力以外的事情。一个合格帅才的执行力，一方面就是注意拿捏好分寸，既能表现自己的能力，又不至于让他人产生威胁感。

更何况，“没有调查就没有发言权”，你不在其位，就不会了解其中的情况，包括政策背景和专业知识，等等，特别是市场变化瞬息万变，你掌握的情况可能有很大的局限性。越位，你原本是为了帮助别人，却很有可能好心办坏事，这也错那也错，给别人添麻烦。

事实上，“到位”与“越位”之间，有时候是不好区分的，关键在于掌握度。但也并不是无章可循，也有着具体原则。

第一，明确工作的权限。

对自身的责任划分要做到心中有数，知道该做什么，不该做什么。一个萝卜一个坑，每个人都有自己的岗位，伴之以明确的责任划分。对于这些，你要做到心知肚明，并成为你的行动纲领。只有弄清楚自己应当履行的职责，你才有可能做到“到位”而不“越位”。

第二，分清“分内”和“分外”。

分清“分内”和“分外”，自己职责内的事情要刻苦努力，力争做到、做好；分外事当然也不能“事不关己高高挂起”，而是在做好分内事的基础上，适当予以关注。这要视情况而定。

3. 分解任务，善于分工合作

管理的任务简单地说，就是找到合适的人，摆在合适的地方，然后鼓励他们去完成手上的工作。

——沃尔玛创始人　山姆•华顿

作为一个团队的管理者，谁都希望自己所在的执行团队不断发展壮大，产生高绩效，而且都在不断地为这一目标不懈努力。但仅仅依靠自身的努力不一定能实现这一目标。毕竟，这不是简简单单的事，它很艰巨，很漫长，而一个人的能力又是有限的。

那么，该怎么做才好呢？答案是合作。

我们先来看一个故事。

一天，刘备、关羽和张飞坐在一起喝酒，刘备提议三人比试一下力气。

张飞大笑：“大哥，这用得着比吗？你一定输。”

刘备摇摇头：“不一定！不信就试试。”

怎么比力气呢？刘备看到一只鸡正在不远处啄米，提议拔下一根鸡毛。把鸡毛扔过墙的那一边，看谁的速度最快。

张飞一贯性急，拿起鸡毛就往墙那边扔，扔了半天没扔过去，累得气喘吁吁。

关羽想了一会儿，将鸡毛绑在一发箭上，射了过去。

刘备呢？他抱起一只鸡，扔了过去。

你看明白这个故事了吗?

它告诉我们：有力气没有用，会用力气才有用。

在工作过程中，将任务分解给别人，善于融合多种力量，让他人发挥作用，以帮助组织完成某一目标，这才是卓越的执行力。善于努力的执行者，远不如善于分工合作的执行者。

巫马期是孔子的一个学生，曾是春秋时期鲁国的一个县长。巫马期很有抱负，一心想把自己任职的单父县大治。他工作十分努力，披星戴月，废寝忘食，兢兢业业地工作了一年，终于将这个县治理得井井有条，但要说好也谈不上，而且他还因劳累过度病倒了。

鲁国国君请孔子推荐一个人选，孔子推荐了自己的另一个学生宓子贱。宓子贱弹着琴、唱着小曲就到了单父县。他在官署后院建了一个琴台，终日鸣琴，身不下堂，日子过得很滋润，一年下来单父县也大治，比巫马期任职时更好，很多百姓赞不绝口。

对此，巫马期感到奇怪，他想不明白为什么自己每天起早摸黑地忙于政务，却没有子贱治理得好？于是，他找到了宓子贱，带着讨教的心理问："你我从师同一个人，能力相当。你工作做得比我好，是不是因为有一个好身体？看来我要被自己的病耽误了。"

听了巫马期的话，宓子贱摇摇头说："我们的差别不在身体，而在于工作方法。你做工作靠的是自己的努力，可是事业那么大、事情那么多，个人力量毕竟有限，努力的结果只能是勉强支撑，最终伤害自己的身体；而我用的方法是调动人的工作热情，利用他们去为我做事，调动的人越多事业就越大，于是工作越做越轻松。"

宓子贱与巫马期同在单父做官，然而一个工作得悠闲，一个工作得辛苦，这不正说明了借力的重要性吗？有 100 件事情，一个人都做了。有 100 件事情，让 100 个人来做，效果肯定是不一样的。懂得借力的人往往能够以小博大，以弱胜强，四两拨千斤。

的确，一个人再努力、再勤奋，充其量不过是巫马期。在别人看来，巫马期不是英雄而是匹夫。“匹夫”是仅依靠自己努力的人，而英雄则是像宓子贱这样的人，因为他能把县内的才俊之士聚集在自己的身边，八仙过海，各显神通。

有效合作是为帅者完成工作使命、成就大事的有效途径。汉高祖刘邦，带兵打仗，不如韩信；运筹帷幄、决胜千里，不如张良；治国安邦，不如萧何。真本事没有一项比过别人，但他照样获得了成功，正如韩信所说：“我会带兵，但高祖会领将。”

人最大的聪明是会合作，执行的效率就会提高，这正是“君子生非异也，善假于物也”。你是这样做的吗？退一步说，你要想修炼成一名帅才，要想提高自身执行力，需要懂得合作的智慧，调动他人为执行计划服务。

4. 永远在控制范围内执行任务

如果强调什么，你就检查什么；你不检查，就等于不重视。

——IBM公司总裁 郭士纳

常常遇到很多的管理者这样抱怨：为什么我的下属不能和我步调一致？为什么下属总不听我的话？其实，问题的本身不一定在下属身上，很可能是你自己的原因。这时，你该问问自己，你是否对全局驾驭、团队行动和个人行为有理性的控制力？

例如，你是某公司的经理，公司要买什么材料，经常需要你签字，但是你签字的时候真的了解情况吗？仓库究竟还有没有某一材料，到底该不该买，你不一定能够回答上来。如果仓管员是不负责任的，报的数字是假的，物料不该买，那么你就容易出错。

问题出在哪里呢？是一个“管”字，这个“管”就是“控”的意思，是一种控制力，你的工作失控了。这就启示了我们一个道理：为帅者应该给下属提供施展手脚的空间，但不能对下属的执行过程缺乏必要的监督，否则结果恐怕不是你自己能控制的了。

在这一点上，帅才的做法是既要信任下属，又要进行控制。从理论上讲，为帅者不可能事事都管，事必躬亲，但前提是要能够掌控全局，应该让下属的工作在你所能控制的范围内执行。一旦下属的工作出现问题，要能迅速做出正确的判断与反应，化解难题。

这样的做法你会吗？如果一个人渴望做帅才，具体又该怎么做呢？

第一，运用目标管理方式。

最理想的控制，就是让下属通过目标管理方式实现自我控制。为此，在安排工作任务的时候，你应该尽可能地把问题、目标、资源等向下属交代清楚，而且一定要把流程定好。流程中有明确的规定，这个怎么做，那个怎么做，到了这个时候你做什么，到了那个时候他做什么，这样一来，下属就会按流程做事，一般是不会失控的。

第二，控制工作的关键点。

在领导控制力中，有一条基本的原理就是：控制工作的关键点。控制住了关键点，也就控制住了全局，这将有助于避免失控。如何选择控制的关键点？很简单，哪些点的控制工作做好了，基本上可以确保控制目标的达成，这就是需要控制的关键点。

例如，你是一名销售经理，那么你对所负责区域市场的运作应该有一个清晰的思路，包括目标销量、产品定位、价格策略、促销策略、销售员规划等；如果你是一名办公室主任，你最好要掌握公司主要工作的进展情况，负责制定公司的各种方案，负责好相关会议的组织，以及公司的接待工作、公共关系的建立和维护。

第三，明确各自的责任。

把权力交给那些管事的人，是为了把责任也放下去。责任界限模糊，工作出了问题，谁的责任都追究不了，企业能有好结果吗？所以，你要让下属明确自己的责任，清晰地认识到哪些责任是自己必须、应该承担的，是不可推卸的。这样，当工作中出现问题时，很容易分清是你的责任，还是下属的责任，这样可以防止相互推诿，减少工作中的管理矛盾。另外，它能为客观评价下属的工作提供前提条件。

在这一点上，某著名电器集团的做法是一个榜样。

这家集团电冰箱厂的材料库是一个五层的大楼，这五层楼一共有2945块玻璃，凡是去过的人都会发现，这2945块玻璃每一块上都贴着一张小条。小条上是什么呢？两个编码，第一个编码代表负责擦这块玻璃的责任人，第二个编码是负责检查这块玻璃的人。

这是做什么呢？原来，这是集团领导人让下属职责分明、责任到位的一种做法。擦玻璃、检查玻璃人员的名字都印在玻璃上，清清楚楚、一目了然。该集团在考核准则上明确规定：如果玻璃脏了，责任不是负责擦玻璃的人，而是负责检查玻璃的人！

另外，凡是去过该集团的人都会发现，在那里小到一块玻璃，大到机器设备，都清楚标明事件的责任人与事件检查的监督人，有详细的工作内容及考核标准。这里的员工们，无论职位高低，工作大小，每个人都得承担一份工作责任，“人人都管事，事事有人管”。所以，无论出现多么复杂的工作问题，该集团的员工都没有过互相推诿责任的现象。

有一句话是“没有带不好的兵，只有带不好兵的将军”，如果用人是为帅者的一种管理能力的话，那么善用控制力就是为帅者领导力的保证。要想成为一名帅才，你必须要对此给予足够的重视，必须不断地学习并掌握它，从而提升自己的执行力。

第十一章 给将帅之才的忠告

俗话说人无完人，将帅虽然属于“人杰”，但也有美中不足的地方。
你要想成为一个优秀的将帅，就需要检视自身容易出现的一些问题，
通过不断地自我修正，进行自我提高和完善。
也只有做到了这些，你才会把自己造就成一个能够持续成功的人。

将才修炼

1. 不故步自封，永远不要满足于现状

我们的公司是个了不起的组织，但是如果在未来不能适应时代的变化就将走向死亡。如果你想知道什么时候达到最佳模式，回答是——“永远不会”。

——美国通用集团 CEO 杰克·韦尔奇

你的工作是否走进了一个“死胡同”，有些问题怎么都解决不好，高薪高职的机会不再靠近？你的地位受到了冲击，别人能做好的事情，你却做不好，你感到恐慌、焦虑、担忧？如果有的话，你应该问问自己，在走向将才的路上，你是否故步自封了？

我们先来看一个故事。

经过数十年的努力，王萍终于从一名普通的财务人员升到了公司财务部门总监的位子，享受着优厚的薪水和福利待遇。王萍自恃资历老、功劳大，便放松了对自己的要求。过了一段时间，财务部来了一个名牌财经大学的毕业生小芬。身为财务部的负责人，身为公司的前辈，王萍在工作上尽量帮助小芬。

但很快，王萍发现小芬工作能力极强，把账目做得漂漂亮亮、无可挑剔，而且除此之外她的英语、计算机水平都很高，可谓才华出众。相比之下，王萍除了资历以外似乎处处不如人，这让她感到了一种前所未有的压力和恐惧。结果，王萍因为不能全身心地投入工作，一些项目频频出错，屡次挨领导批评，总监位子摇摇欲坠。

事例中王萍的遭遇启示了我们：不要以为功成名就了就满足现状，就认为万事大吉，不思上进。资历不是能力，不能靠资历吃饭，这是一个凭实力说话的年代，能者上庸者下，今天的将才不一定明天也是，这就是“学如逆水行舟，不进则退”的道理。

这并非耸人听闻，要知道，我们所赖以生存的知识、技能、经验等一直不断折旧。目前西方白领阶层流行这样一条知识折旧定律：“一年不学习，你所拥有的全部知识就会折旧80%。你今天不懂的东西，到明天早晨就过时了。现在有关这个世界的绝大多数观念，也许在不到两年时间里，将成为永远的过去。”

明白了这个道理后，你要想改变目前的工作现状，最好的解决办法便是永远不要故步自封，永远不要满足现状，永远保持积极进取的态度，不断用新知识、新技能、新方法等来提升自己。唯有如此，你才能保持自己的竞争优势，最终成为所在区域的将才。

事实确实如此，社会在不断发展进步，职场上的竞争激烈，一时的成功不是真正的成功，真正的成功是持续的成功。对于一个将才来说，必须知道自己前面还有更远的路要走，而目前的成功只是一个过程，是成功路上的里程碑，永远不可以一劳永逸。

为此，你要不断地进行“充电”。“充电”这个词很形象，人就好比一台机器，工作就像是“放电”，如果一味“放电” 损耗是非常快的。要想保持十足的电力，就得不时地“充电”，通过业余学习、培训和脱产进修等途径都是可以的，让自己永远都是全新的。

目前市场上，会计类、计算机等职场培训班五花八门、应有尽有，你都可以适当地参加。另外，大部分的企业年年都会为员工制订各种培训计划、组织参观学习、开设讲座等，你要主动争取每个机会，去学习那些对你的工作有益的知识与技能。

“充电”？你是不是会抱怨自己除了工作以外根本没有多余的时间去学习？你要是这么想就错了，其实工作也是学习的一个大好机会。试想，工作中每天都有新情况、新问题、新挑战，你每天都要面对新事物，学习与工作相伴，工作也就是学习。

卡莉·菲奥莉娜原本是一个普通的女人，可她却从秘书工作成长为了“全球第一女CEO”、AT&T（惠普）公司董事长兼首席执行官。其中，重要原因之一就是她不断在工作中学习。对于自己的成功，菲奥莉娜说：“不断学习是一个CEO成功的最基本要素。这里说的不断学习，是在工作中不断总结过去的经验，不断适应新的环境和新的变化，不断体会更好的工作方法和效率。”

菲奥莉娜大学期间修读中世纪历史和哲学，毕业后她进入AT&T从事不起眼的秘书工作，那些工作与她的专业并不吻合，尤其是惠普是一家以技术创新而领先的公司，菲奥莉娜并非技术出身。为了胜任工作，她在工作中总是非常注意经验的积累、能力的锻炼。与此同时，她毅然重新返回到校园，并先后拿到了历史、哲学学士学位，企管硕士学位，她掌握的知识不断地增长，内在的修养气度也得到了极大提升。

后来，菲奥莉娜投身AT&T的销售电话服务。由于有着多年的工作经历，知识全面、经验丰富，她拓展了公司的国际业务，并于1995年成功促成了AT&T分拆朗迅科技，升为朗迅科技的全球服务供应业务部行政总监；2001

年，她又促使惠普与康柏公司达成一项总值高达250亿美元的并购交易，之后她又筹划及执行朗讯公司上市。

在此期间，菲欧莉娜常遭遇众多性别不公的职场待遇，关于她的争议也未曾间断，但她从来没认输过，而是继续通过不断的学习提高能力，了解业界的新的动向，在工作中不断自我更新，以保证自己紧跟公司的步伐，最终她成功出任惠普公司的新一任董事长兼首席执行官，这是道琼斯工业指数成分股企业中唯一的女性总裁。

在工作中学习，这不仅是提升自己的最好机会，而且是最佳方法，这也正是菲奥莉娜的成功秘诀。因为只有在工作中我们才能真正明白自己的不足，意识到问题的所在，并从中总结经验、学习有关知识，帮助自我更加明确应该从哪方面的学习入手。

如果你能够做到这一点，你将会变得越来越强，并步步为赢。

2. 拓展角度，不钻“牛角尖”

成功在很大程度上并不取决于能力，而取决于你是否愿意换一个角度来看你所熟悉的事物。

——美国戴尔公司董事长　迈克尔·戴尔

科学家们曾经进行了这样一项实验：将一群蜜蜂放进一个敞开口的瓶子里，并将瓶底对准阳光。遗憾的是，这些蜜蜂竟没有一只飞出瓶子。为什么呢？因为它们以为出口在光线最明亮的地方，于是不停地撞击瓶底，却对稍稍黯淡的敞开的瓶口不理不睬，最终它们一个个力竭身亡。

工作中会有各种或困难或复杂的场面，不少人习惯从一个角度看问题，总是下意识地从正面去观察、分析，直来直去，不肯放弃，这就是人们平常说的“一根筋”或者叫作“钻牛角尖”，结果呢？往往竭尽全力也于事无补，只能使工作陷入困境。

美国著名的企业家凯马特就曾犯过这样的错误。

凯马特是现代超市型零售企业的鼻祖，世界最大的连锁超市、世界最大的零售企业，这些都是凯马特本人及其公司值得骄傲的地方。但是，后来后起的沃尔玛公司渐渐开始蚕食凯马特的市场了，1993 年更是雄居全美零售业的榜首。在凯马特面前沃尔玛只是个“小字辈”，被这样的后起之秀远远甩在身后，自然令凯马特难以接受，于是凯马特毅然发动了一场针尖对麦芒的价格战，推出成百上千种特价品，声称价格绝对低于沃尔玛。

沃尔玛也不甘示弱，立即对这些特价品打折，使价格再次低于或持平于凯马特。随即，双方进入了比拼内功的阶段：看谁的运营成本更低。由于不少货品都是赔钱赚吆喝，凯马特的亏损直线上升，很快不能支撑。反观沃尔玛，由于储备资金优于凯马特，价格战虽然代价不菲，但尚能承受。

这样，孰胜孰败，从凯马特发动正面进攻的一刻就已经注定了。2012 年 1 月 22 日，凯玛特向法院申请了破产保护，所列资产近 163 亿美元、债务约 103 亿美元，创下了美国历史上最大的零售业破产案。

一山不容二虎，市场竞争只有你死我活和我死你活这两种结果，这是凯马特的陈旧想法，他没有看到自己已今不如昔，“后起之秀”沃尔玛已不再是它能够正面硬拼下来的对手，硬碰硬的结果只能是两败俱伤，结果凯马特付出了不菲的代价，惨遇破产。

在问题面前，你是这样吗？如果是，很抱歉，你将才的身份很难保住，因为很多时候问题得不到合理解决。怎么办呢？不要死钻牛角尖了，学会多角度地思考问题，全面地进行分析吧。这样既可以避免易出现的片面认识，又是理性和周全做事的保证。

对于这一点，意大利著名画家达·芬奇的老师对达·芬奇谈自己画蛋的体会时说过："即使是同一只蛋，只要变换一下角度，形状便立即不同了。"著名的北宋诗人苏轼也曾说："横看成岭侧成峰，远近高低各不同，不识庐山真面目，只缘身在此山中。"

所以，当遇到你用常规解决不了问题时，当在问题面前措手无策时，不妨从问题中跳出来，多换几个角度想一想吧。考虑有没有其他的可能？其他的办法？凡事多问几个为什么，这可以使你更加清晰、透彻地发现问题的本质，从而想出更好的解决办法。

哈姆威本是西班牙大马士革城的一个制作薄饼的小商贩，在北美狂热的移民潮中，他怀着掘金的心态来到了美国，希望靠卖薄饼大赚一笔。但糟糕的是，美国并不像他想象的遍地黄金，他在美国的薄饼生意和在西班牙没有什么区别，甚至生意更萧条一些。

1904年夏天，美国举行世界博览会，哈姆威认为这是一个挣钱的好机会，便在博览会会场外卖起了薄饼，但生意依然糟糕。而和他相邻的一位卖冰淇淋的商贩生意却很好，一会儿就售出了许多冰淇淋，很快他带来的用来装冰淇淋的小碟子也快用完了。

哈姆威在一旁唉声叹气，就这样灰溜溜地回家吗？他有点不甘心，怎样改变这种状况呢？有什么方法能将薄饼卖出去呢？买一送一？做成笑脸的形状？……看到卖冰淇淋的商贩正着急买小碟，哈姆威突然想到把自己的薄饼卷成锥形，用它来盛放冰淇淋。

卖冰淇淋的商贩见这个方法可行，便要了哈姆威的薄饼，结果这种锥形的冰淇淋被顾客们纷纷看好，而且被评为“世界博览会的真正明星”，这就是现在的蛋卷冰淇淋的前身。

这个故事又一次验证了：不要总想着正面解决问题，而是多角度地思考问题，往往会找出解决问题的多种可能，这乃是“创新性思维”的开始。一个人，尤其是为将者若能做到这点，什么问题你都能解决得了，什么难题在你这里都不是问题，你的前景自然了得。

记住，走向成功的路千万条！

帅才修炼

1. 凡事循序渐进，追求稳定如一

学问之功，贵乎循序渐进，故经久不息。

——清末思想家　梁启超

作为“帅”，谁不渴望带领自己的团队直取成功。但为帅者做事要戒急躁，人一急躁必然心浮，心浮就使人不能脚踏实地、耐住性子地思考问题，干什么事都弯不下身子、坐不热凳子、耐不住性子，常表现为好高骛远，急于求成，结果往往事与愿违。

公元 1409 年，丘福被明成祖朱棣任命为“征虏大将军”，率精骑 10 万，讨伐谋叛的鞑靼首领本雅失里。丘福为人浮躁，易轻敌，所以在大军出发前，朱棣特意告诫他：“不要丧失战机，不要轻举妄动。到达鞑靼地区虽然有时会看不到敌人，但也要谨慎，不能有浮躁心理。耐住寂寞能使你保持冷静，浮躁却会给战局带来不利影响。”

两个月后，丘福率领军队到达鞑靼地区。但是军队的整体行进速度让他很不满意，为了快速取胜、获得战功，他亲率千余名骑兵先行。幸运的是，他们取得了一些小胜利。当从一个俘虏口中得知本雅失里的军营所在地时，丘福认为这是立功机会，决定直袭敌营。

连战两日，鞑靼军每战总是败走，这其实是鞑靼军的计谋，但这易得的小胜却助长了丘福的浮躁情绪，他率军狂追，一心要生擒本雅失里，而对于其他将领“等部队到齐了，侦察清楚敌情再出兵”的建议，充耳不闻，甚至下令“不从令者斩”。可当诸将士无奈随他行进时，鞑靼大军冲杀了过来，将丘福所率领的先头部队重重包围。丘福率军士拼命抵抗也无济于事，最后战死。

明成祖朱棣能把如此重大的任务交给丘福，肯把10万精骑交给他带领，说明他相信丘福是个有能力的人。可是丘福却急功近利、冲动浮躁，结果不仅葬送了自己的身家性命，还令全军覆没。试想，如果丘福能冷静思考，循序渐进，战局也许就会改写。

可见，浮躁之心是成功的大敌。

自古以来，很多名言都在劝诫我们要“戒骄戒躁”。《论语》说，“欲速则不达，见小利则大事不成”，还有“小不忍则乱大谋”、“三思而后行”等，无不是在倡导“远离浮躁”，劝导人们真正沉下心来，弯下身子，扎扎实实地干好手头的事情。

这里有一个故事。

有一位年轻的画家在刚出道时三年都没有卖出去一幅画，这让他很是苦恼，于是他去请教一位很有威望的老画家，想知道为什么自己整整三年居然连一幅画都卖不出去。

老画家问："你每画一幅画大概用多长时间？"

年轻人回答："一般一两天，最多不过三天。"

老画家微微一笑，说，"年轻人，换种方式试试吧。你用三年的时间去画一幅画，我保证你的画一两天就可以卖出去，最多不会超过三天。"

年轻人照做，果然成功了。

这个故事虽然简单，却告诉我们一个深刻的道理：凡事都要讲究循序渐进，有了量变才会有质变，万不可急于求成。所谓"台上一秒钟，台下十年功"，一个人的成就绝不是一蹴而就的，只有日积月累地积蓄力量，才能够厚积薄发，水到渠成。

例如，张溥抄书抄得手指成茧，写出了《五人墓碑记》这一千古流芳的名篇；李白拥有"铁杵磨成针"之勤，读书读得口舌成疮，故能斗酒诗百篇；杜甫有"读书破万卷"之勤，所以"下笔如有神"；王羲之日日临池学书，以致染黑了池水，后被尊称书圣……

这是诸多帅才成就自我的方法，你想成为帅才吗？那么，做事一定不能操之过急，让浮躁的心情沉寂下来，让焦虑的头脑安静下来，让纷杂的思绪舒缓下来，有沉得住气的稳健，凡事先轻后重，循序渐进，踏实冷静地走下去，如此就可大大提高成功率。

当今社会，不计其数的人心浮气躁，急功近利，这几乎是最常见的一种心态。相比之下，脚踏实地，循序渐进，养精蓄锐也好，韬光养晦也罢，就显得弥足珍贵了。能真正做到这一点的人很少，所以能称之为帅的人也就很少，这确实值得深思。

来看看丹·波特带领 **Omgpop** 走向成功的故事就知道了。

“Omgpop”，是美国人查尔斯·福尔曼建立的一个专业的游戏站点，他聘用自己的朋友丹·波特为首席执行官。尽管公司位于时尚之都纽约，尽管福尔曼和波特非常年轻，成立6年中Omgpop公司一共融资1700万美元，开发了35款游戏，但是他们的运气似乎总是差了一点，这个游戏没能获得主流用户的认可。与公司的前期投入相比，公司收回来的涓涓细流简直就是杯水车薪，只能在不温不火、垂死挣扎中匍匐前进。

眼看公司很可能被迫关门，福尔曼沉不住气了，他伤心地离开了Omgpop，另谋发展，而波特则选择继续留在公司。利用了一个月的时间，波特组织起一个五人团队，每天进行游戏研究，他甚至走在街上、待在家中都在思索如何才能开发出一个好游戏。后来，看到儿子和朋友来回抛接球100次而没有落地，波特突然有了一个开发灵感。根据这个创意，波特开发出了一款名为《你画我猜》（Draw Something）的游戏。三个星期之后，这款游戏跃升到50多个国家在付费游戏、免费应用、付费应用等应用分类的首位，今天《你画我猜》的下载量已经达到了1000万次，每天有600多万的活跃用户，Omgpop因此而摆脱了多年的低迷状态起死回生。

谈及自己获得成功的原因时，波特不无感慨地回答道：“游戏行业就是这样，有时即便你投入了大量的资金和精力，也可能不会有什么成效，这就需要我们有钢铁般的意志，沉得住气，观其动静。这可能是一种漫长的煎熬，很高兴我们坚持下来了。”

波特之所以能够带领Omgpop火遍全球50多个国家，在游戏网站上取得一定的名声和地位，正是因为他沉得住气，观其动静，思其道理，这正印证了一句话：“没有魔术让一个人一夜暴富，我们只要能踏实做事，消除掉浮躁情绪，成功就能唾手可得。”

“不积跬步，无以至千里；不积小流，无以成江海。”一步一步地积极努力，步步为营，以耐心与执着之心，始终如一地付出努力，成功的路才会走得稳健而坚固。而这一个过程，也是将你锻炼得更坚强，使你成长和进步，使你有实力为帅的过程。

2. 明日自有明日忧，不必过多忧虑

如果你真的过好了每一个今天，每一个明天也一定不错。

——佚名

在前面我们讲到，帅才习惯高瞻远瞩，擅长深思远虑。“人无远虑，必有近忧”，为明天做计划是一种理智的“帅心”，但凡事都要适可而止。如果一个人心思过于深虑，对明天过于忧虑，那就不算计划而是重担了，远虑也就成为了近忧，费力不讨好。

为什么这么说呢？这是因为，太多事情是无法预知的，不以人的意志为转移，远虑是无穷尽的。一个人，即便你再优秀，精力、能力和时间总是有限的，无法在今天解决明天的所有问题。过于忧虑明日的事情，除了徒增烦恼、压力重重之外，毫无意义。

如果你还不能理解，就听听下面的故事吧！

有位小书童，每天早上的任务之一就是清扫府中的落叶。

扫落叶是一件很辛苦的差事，尤其在每年的秋冬之际，只要一起风，树

叶就会随风飞舞落下。这样，小书童每天都要将大部分的时间花在清扫落叶上，这令他头痛不已。老管家见此，给小书童支招了：“想省些力还不简单，只在明天打扫之前先用力摇树，尽可能地把更多的树叶摇下来，后天就可以不用那么辛苦地打扫了。”

小书童觉是这是个好办法，于是隔天起了个大早，按照老管家的方法使劲地用力猛摇树，他心里想着这样就可以将今天与明天的落叶一次性都给清扫干净了，所以，他一整天都极为开心。谁知，第二天早晨他起床后推开门，不禁呆住了：昨天扫得很干净的院子里，仍然一如往昔地落叶满地——今天，他还是要辛苦地扫落叶！

这时候，老管家走了过来，意味深长地说：“傻孩子，不管你今天用多大的力气，明天的落叶还是照样会飘下来呀！明天的忧虑明天再想，让自己轻松一些吧！”

明天的事情该来的还是会来，今天的忧虑并不能改变明天的状况。所以，帅才可深思远虑，但不能太多计划明天的事。实际上，做好了今天就是为明天做准备，等明天的烦恼真来了再去考虑也为时不晚。别忘了有一句俗话：“车到山前必有路，船到桥头自然直。”

“昨天的痛，已经承受过了，有必要反复去兑现吗？明天的痛，尚未到来，有必要提前去结算吗？不要为明天忧虑，明天自有明天的忧虑，一天的难处一天当就够了，其实这也就是生命的真谛！”这段话说得真是太棒了。

明日自有明日忧，心思不必太深虑。一天的难处，一天担当就够了。这是对为帅者的劝诫。把注意力聚焦在当下，整个身心融入了那一刻，便不会再有太多繁杂的思绪来充斥内心，由此，在面对任何困难时，你就能坦然而从容地去面对、去解决。

更何况，明天的大多数忧虑是毫无意义的，多数根本就不会发生。“世界上有99%的预期烦恼是不会发生的，它们很有可能只存在于自我的想象中，想象出来的烦恼比实际发生的更可怕。”这是第二次世界大战时期美国作家布莱克伍德的一句名言，也是他的亲身经历。

布莱克伍德的生活几乎是一帆风顺的，即使遇到一些烦心事，他也能从容不迫地应付。但是，1943年夏天因为战争的到来，世界上的大多数担忧接二连三地向他袭来：他所办的商业学校因大多数男生应征入伍而出现严重的财政危机；他的大儿子在军中服役，生死未卜；他的女儿马上要高中毕业了，上大学需要一大笔学费；他的家乡一带要修建机场，土地房产基本上属无偿征收，赔偿费只有市价的十分之一……

一天下午，布莱克伍德坐在办公室里为这些事烦恼，他把这些担忧一条条地写下来，冥思苦想，却束手无策，最后只好把这张纸条放进抽屉。一年半之后的一天，在整理资料时，布莱克伍德无意中又发现了这张已经不记得的便条，而且这些担忧没有一项真正发生过。他担心他的商业学校无法办下去，但是政府却拨款训练退役军人，他的学校很快便招满了学生；他的儿子毫发无损地回来了；在女儿将入大学之前，他找到了一份兼职稽查工作，帮助她筹足了学费；住房附近发现了油田，他的房子不再被征收……

最后，布莱克伍德得出了一个结论：“我以前也听人们谈起过，世界上绝大部分的烦恼都不会发生。对此我一直不太相信，直到我再看到自己这张烦恼单时，我才完全信服！为了根本不会发生的情况饱受煎熬，真是人生的一大悲哀！”后来他根据此，写了一本书《99%的烦恼其实不会发生》。

看见了吧！“世界上有99%的预期烦恼是不会发生的”，我们何必为无法预知的明天而让眉间上锁呢？何必为尚未到来的明天让心灵阴翳呢？与其为明天忧虑，不如在今天努力，也可能因为我们今天的努力，事情就会朝着好的方向发展去了。

现在静下心来，审视一下自己，看看你是否切实活在“当下”。上班时，你是否因为担心企业明日的发展，市场走向如何、股票涨落如何等，无法静心做好手头的工作；晚上躺在床上时，你是否因为明天谈判的事情而辗转反侧，彻夜难眠……你需要做出改变。

为帅者的职责十分重要，时时要面临各种重任。当被明天的烦恼羁绊，似乎企业的重担都压在自己肩膀上时，你不妨告诉自己：“现在我不要想这些烦恼的事情，等明天再说，毕竟明天又是新的一天，而且我怎么知道我所担心的事情就真的会发生?”

记住，为明天做好计划，但切勿过多忧虑。